影视广告学

Advertising on Movie and TV

（第三版）

聂鑫 著

经济管理出版社
ECONOMY & MANAGEMENT PUBLISHING HOUSE

图书在版编目（CIP）数据

影视广告学/聂鑫著.—北京：经济管理出版社，2007.1

ISBN 978-7-80207-776-8

Ⅰ.影… Ⅱ.聂… Ⅲ.①电影—广告学—高等学校—教材 ②电视节目—广告学—高等学校—教材 Ⅳ.F713.80

中国版本图书馆 CIP 数据核字(2006)第 138943 号

出版发行：经济管理出版社
北京市海淀区北蜂窝 8 号中雅大厦 11 层
电话:(010)51915602 邮编:100038

印刷：徐水县宏远印刷有限公司 经销：新华书店

选题策划：陆雅丽 责任编辑：张丽生
技术编辑：晓 成 责任校对：全志云

880mm×1230mm/32 8.5 印张 198 千字
2007 年 2 月第 1 版 2010 年 3 月第 2 次印刷
定价：35.00 元
书号：ISBN 978-7-80207-776-8

自序

在当代商品经济的大潮中，广告成为经济的温度计早已是不争的事实，而其中影视广告就是最大的弄潮者之一。

在这个“媒体市场营销”时代，电视无疑是资源有限的强势媒体，它是唯一声画兼备、动态演示、受众广泛、即时传播而公信力高的媒体。在“读图时代”、“扁平传播”、“快餐消费”和“惯性接受”的语境下，影视广告将其作用发挥得淋漓尽致，创造出一个又一个关于商品的传奇。影视广告也作为流行文化渗透进大众文化之中，影响着人们的观念与行为，引领着时尚和潮流。

影视广告学是一门实践性很强的学科。它的哲学就是不是“去解释这个世界”，而是要去改变世界——扩大商品或服务的销售，扩大企业产品的市场分额，提高其传播对象的知名度，等等。它不是让人们去欣赏一部影视作品，而是创作既好看又有效的影视广告作品。所以，学习影视广告应知行合一，方可高屋建瓴，而非“屋顶上的羊”。

学好影视广告学，应具备综合素质。过去创作影视广告主要是以广告导演及制片人为中心，现在是以影视广告策划人为中心。因为当今的影视广告概念、范畴和运用是多维的，不像以前那样只要拍出来播放就行了，它还存在综合利用的问题。而影视广告策划人就是一个角色集：有营销的理念、创意的思想、导演的眼光、制片的经营能力等。

这本《影视广告学》，力求基础理论与实际案例的结合；常规方法与创新之道的结合；复杂构成与简洁体例的结合。图文并茂、深入浅出，努力达到“传道、授业、解惑”之境界。

作　者

2006 年 9 月

目　录

第一章 影视广告导论

第一节 广告与影视广告

一、广告定义的界说

一提起广告，人们通常会想到在街道旁、电视里、报纸上等媒介中接触到的各种商业广告。而所谓广告，从汉字的字面意义理解，就是“广而告知”，即向受众通知某一件事，或告诉大众遵守某些规定。但这并不是广告的定义，而是对广告一般性的、广义的解释。那么，什么是广告呢？广告的全部意义又是什么呢？这并非像其字面含义那么简单，仅仅从“广而告知”是不可能对它解释清楚的。目前从专家、学者对广告所下的纷繁定义来看，分歧较大，涉及的问题也较多。广告是一个非常复杂，具有一定深度、广度的话题。

今天我们所说的广告这个词，据考证是一个外来语。它首先来源于拉丁文 Adverture，其意思是“注意”或“诱导”。中古英语时代（约公元 1300~1475 年）为“使某人做某事”或“通知别人某件事，以引起他人的注意”时，常使用这个词。直到 17 世纪末，英国开始大规模的商业活动，这时，广告一词便广泛地流行并被使用。这时的广告一词，已不单指一则广告，而是指一系列的广告活动。静止的、物的、概念的名词 Advertise，被赋予现代意义，转化为动态的 Advertising。这便是广告一词的来源。

中国人最早将广告作为一个词在汉语中出现并使用，目前尚无准确的考证，据推断，广告一词的出现是 20 世纪初的事情。刚开始使用这个词时，并不具有今天广告的含义，只是“广泛地宣传”之意。

1. 纷繁的广告定义

我国 1980 年出版的《辞海》给广告下的定义是：“向公众介绍商品、报道服务内容和文艺节目的一种宣传方式，一般通过报刊、电台、电视台、招贴、电影幻灯、橱窗布置、商品陈列的形式来进行。”

中国大百科全书出版的《简明大不列颠百科全书》对广告的解释是：“广告是传播信息的一种方式，其目的在于推销产品、劳务，提出影响舆论，博得政治支持，推进一种事业或引起刊登广告者所希望的其他反应。广告信息通过各种宣传工具，其中包括报纸、杂志、电视、无线电广播、张贴广告及直接邮送等，传递给它所想要吸引的观众或听众。广告不同于其他传递信息形式，它必须由登广告者付给传播信息的媒体以一定的报酬。”

1926 年，我国著名报学史专家戈公振在研究中国报学史过程中，便提出了对广告的看法：“广告为商业发展之史乘，亦即文化进步之纪录。人类生活，因科学之发明日趋于繁密美满，而广告即有促进人生与指导人生之功能。故广告不仅为工商界推销出口商品之一种手段，实负有宣传文化与教育群众之使命也。”

美国小百科全书的解释是：“广告是一种销售形式，它推动人们去购买商品、劳务或接受某种观点。广告这个词来源于法语，意思是通知或报告。登广告者为广告出钱是为了告诉人们有关某种产品、某项服务或某个计划的好处。”

1894 年，被称为美国现代“广告之父”的 Albert Lasker 说，广告是“印刷形态的推销手段”。这个定义虽然出现在电子媒体问世之前，但却是比较准确地揭示了广告的本质含义。“推销”这个词本身，就有“劝服”的含义。

1919 年，A.Marshall 说：“广告中有建设性的广告和斗争性的广告，一般企业所做的斗争性的广告是为了使自己的产品，不顾人们需求与否，千方百计让消费者购买，这种广告结果造成浪费。建设性广告是给买卖双方都提供方便的方法，当人们对商品有需求、潜在着极大购买力时，新产品的广告用各种手段去宣传是必要的，这样的广告是人们希望的建设性广告。”这一解释虽然不是标准的定义形式，但它提出了一个有争议性的话题：广告的着眼点是在广告主一边还是在消费者一边，或者说，广告是否能在二者之间找到平衡的支点。

1924 年，日本学者中山静认为：“广告宣传的目的是劝诱人们对某一特定事情产生或增强信心，使他们赞成或坚决执行。要达到这个目的与广告宣传的次数有关，如果选择适当的使用方式、方法和时机，即使广告的次数少一些，也会得到满意的效果，广告是通过宣传商品达到销售目的的。”中山静主要从操作层面来理解广告的定义。他提出了广告活动中非常关键的一面，即注重策略性。

日本广告业协会（JAAA）提出：广告是被明确表示出的送信方，作为一种信息活动，针对想要呼吁（诉求）的对象，所进行的有偿信息交流。（1993 年）

1932 年，美国的专业广告杂志《广告时代周刊》（Advertising Age）公开向社会征求广告定义，得票最多的入选定义是：“由广告主支付费用，通过印刷、书写、口述或图画等，公开表现有关个人、商品、劳务或运动等信息，用以达到影响并促成销售、使用、投票或赞同的目的。”从这个定义中我们不难发现，广告的目的不只是为了营利，而且还要使大众或有关人士知道某些信息。

1948年，美国营销协会的定义委员会（The Committee on Definitions of American Marketing Association）给广告下了一个定义，在1963年又做了几次修改，形成了迄今为止影响较大的广告定义："广告是由可确认的广告主，对其观念、商品或服务所做之任何方式付款的非人员性的陈述与推广。"这个定义，在含义上又涉及非商品类广告，但该定义仍把主体定位在产品的概念上。可以说，这个定义就商品广告而言，是比较准确的，事实上，这个定义也被许多国家从事商品活动的从业人员所接受。此外，这个定义最重要的一点，是提出了在广告活动中要有可以确认的广告主，广告的受众应该能够判断出谁是信息发出的主体。

其他的一些解释："被法律许可的个人或组织，以偿款的、非个人接触的形式，介绍物品、事件和人物，借此影响公众意见，发展具体的事业。"

"凡是以说服的方式（无论是口头方式或是文字图画方式），有助于商品和劳务的公开销售，都可以称为广告。"

"广告是有计划地通过各种媒体介绍商品或劳务，借以指导消费，扩大流通，促进生产，活跃经济，建设物质文明与精神文明的手段。"

2. 广告定义的要素

以上这些定义，都存在不够完善和准确的地方。主要体现在，与其说是广告定义，不如说是广告物的定义；这个定义对实际工作的活动范围限制太多，比如许多广告行为并非都是利用收费形式的，等等。

从年代上看，不同时期对广告概念的认识也有所不同。我们可以发现这样一个事实，即广告专家和学者对广告的认知和看法是具有差异的。每一个定义，都是根据具体情况综合而界定的。因此，认识广告的目的、角度、时代等不同，所下的定义也就不同。尽管如此，从上述纷繁的定义中，我们不难发现，古、今、中、外对广告的解释，虽有差异，但又有其共同之处。

（1）广告必须有明确的广告主，也称广告客户。它是广告活动的主体，而广告活动的对象是广大的消费者。1995年2月1日实行的《中华人民共和国广告法》中，在界定“广告”这个含义时，明确加进了“以广告主的名义”这个概念。这是为了使广告接受者了解广告信息的来源。这样既可以明确广告主对其发出信息之真伪要负责任，又可以使消费者放心地购买做了广告的商品。这是广告与新闻等其他传播活动的不同之处。

（2）商业广告是有偿的。这是广告与新闻、公告的又一区别之处。想要做广告的人和组织，要借助于各类“运输工具”才能将要传达的信息运至事先设定的“位置”。作为“运输工具”的各类传播媒体，只有事先支付一定的费用才能使用。

（3）广告是非人员的销售推广活动。这里面有两层含义，一是非人员的，这是广告区别于人员销售、销售推广等由人员提示、说明商品的方法，广告要借助于传播媒体与消费者沟通，形成自己独特的说服规律。二是销售推广活动，总是以或进或远的将来引导销售为目的。

（4）广告活动是通过大众传播媒体进行的，广告主对广告发布有一定程度的控制权。广告活动要通过媒体，如报纸、杂志、电视、广播、印刷、招贴、邮递等媒体完成。广告主可以控制广告的内容、形式、推出时间与推出方式等。当然，其广告也必须符合国家有关法规和政策。

（5）广告不仅是对商品的宣传，还包括观念和劳务。广告除了宣传某些具体的商品，有时还宣传企业形象、企业理念或某些与企业有关的社会价值观等内容。

（6）广告是一种有计划、有目的的活动。广告活动的目的，是为了促进商品或劳务的销售并使广告主从中获取利益。

（7）广告费用构成商品成本的一部分。为广告活动支付的费用，将有一部分追加到商品价值中去，另一部分则纯粹是流通费用而成为社会财富的损耗。一方面，利用广告作为传播情报的手段是比较有效、比较经济的，这样才不会过分增加商品的成本，这也是同类商品在市场竞争并取得优势的条件之一。另一方面，从消费者角度来看，工厂生产的商品如果能够直接交到消费者手上的话，也就不必做广告了，但是，这是不可能的。工厂与消费者之间，还存在批发商、零售商等销售环节。这些流通环节的费用，也都包含在产品的成本里。利用广告来传播商品的存在、名称、品质、性能及价格等信息，不仅是生产者为自己的利益设想，也是消费者获得消费情报的通道。

（8）广告作品是广告活动的组成部分，是广告活动中的一个重要环节。美国《广告时代周刊》（Advertising Age）的专栏作家、著名广告评论人威廉·泰勒（Willam.Taylor）对这一点的认识是："广告的成功，实在有赖于始终不懈及重复实施，而很少依赖创作方面的零星的灵光闪现。成功的广告不但在技术上要完美地表现，而且在战略上也要有系统的规划。"

综上几点所述，广告的要素可以概括为：广告是付费的信息传播形式，其目的在于推广商品和服务，影响舆论，博得广告主所期望的效果。在广告活动中，其构成要素具体有：广告主、广告代理、广告媒体、广告费用、受众(消费者)、广告信息。

二、何谓影视广告

顾名思义，影视广告就是通过电影院或电视台播放的，既可以看到影像，同时又可以听到声音的广告。由于现代科技突飞猛进的发展，使得现在的影视媒体愈发方便人类，推陈出新，尤其是电视媒体由于在传播上的诸多优越性，越来越变得神通广大。电视广告与电影广告相比，似乎具有更大的优越性，并对电影广告形成强烈的冲击。

此外，影视广告的概念还包含着另一层含义，即用电影制作的手段来拍摄的电视广告。

三、影视广告研究的范畴

影视广告要研究的范畴非常复杂而庞大。从宏观上看既包括政治、经济和文化；从中观上看又涵盖了科学与艺术，还有哲学、美学、心理学、传播学、营销学等；从微观上看还涉及声学、光学、电学，等等。

（1）影视广告的发展历程及前景展望。通过了解影视广告的过去，研究它的进程及现状，从中发现规律、趋势及问题，从而看到它的未来。无论对影视广告的理论与实践都会得到很大的启示。

（2）影视广告语言。影视广告的载体就是电影和电视，只有充分地认识和掌握了这一载体的独特表现方式，才能通过它更好地传达广告信息，极大地发挥影视艺术语言在广告中的作用。

（3）影视广告创意。在影视广告中一个最为核心的问题就是影视广告创意，它决定了广告效果的好坏，是影视广告的灵魂，也是影视广告学要研究的主要问题。

（4）影视广告的表现。有了好的广告创意，还须用得当的表现手段使之变成为影视广告作品，形象地传达给受众。即使是同一个创意，不同的表现手法也会出现不同的效果。

（5）影视广告美术。在影视广告的拍摄中，涉及许多与美术相关的问题，诸如画面色彩、构图、服装、道具以及场景的选择等，故必须深入研究这方面的问题，使影视广告更为生动。

（6）影视广告照明。拍摄影视广告离不开光线，专门对照明进行研究，从而懂得用光造型的专业知识。

（7）影视广告摄影。影视广告是靠电影胶片或录像带记录下来的影像，是摄影完成了这一任务。研究影视广告摄影，就是为了完美地记录下所想要的画面，这当中包括了许多非常专业的摄影技术。

（8）影视广告音响。影视广告的音响指的是什么？它包含哪些内容？有什么作用与意义？有什么技巧？等等。只有研究它的方方面面，才能回答这些问题，才能充分发挥音响在影视广告中的作用。

（9）影视广告制作。了解影视广告的制作流程，认识制作中各个环节面貌，掌握其中一系列的技能与技巧，具备制作影视广告的知识，才能正确地执行影视广告的任务。

（10）影视广告的有效利用。拍摄或播放了一部影视广告片，广告工作尚未彻底完成，怎样极大地、更有效地利用这个广告，就成为新的课题。利用充分，便事半功倍，甚至大大地超越一部影视广告片的传播效果范畴，否则可能浪费资源。

（11）影视广告管理。如果不认真研究国际、国内对影视广告的管理规定，纵然拍得再好的影视广告，如果它在某一方面出了违规、违法的问题，它也不能在媒体上发布，其后果是可想而知的。而研究了影视广告的管理问题，就可以避免出现违规、违法的情况发生。

除此之外，影视广告研究的范畴，还涉及广告心理、广告文化、广告调查及广告美学等问题。

第二节　影视广告的溯源与展望

自从20世纪40年代初期电视诞生后，电视就被证明几乎是一辆不平衡的大众文化列车，而且拥有大量的“乘客”。人们足不出户就能在这架钟形魔盒前，享受世界各地内容丰富的新闻、影视剧、脱口秀及音乐电视等节目。

电视就像一个神奇的盒子，它不仅给人提供娱乐，还通过实时的早间新闻或晚间新闻节目，传播着成千上万人关注的新闻。它把海湾战争、伊拉克战争、辛普森案的审理、俄克拉马市的爆炸场景，带到了世界各地无数人的家中，将每时每刻的，真实的战争变成了电视里的战争。不仅如此，电视还改变了人们的生活方式，甚至是人的体形。一些国家的领导候选人通过电视发言和辩论，改变了政治格局。

美国著名传播学学者施拉姆说："电视是20世纪伟大的发明。"1936年，英国广播公司在伦敦设立了世界上第一座电视台。美国在1920年开始试验电视，到1941年有了商业电视的正式播出。在"二战"以后，电视业得以迅速发展。因为"二战"前及"二战"期间，不论是英国、法国还是美国，所有的电视都是在实验研究阶段，还没有具备商业经营的条件。1945年，第二次世界大战结束后，美国的经济由战时转向为平时，工商业不断繁荣起来。尤其是在20世纪50年代美国首创彩色电视之后，电视事业锦上添花，它极大地改变了人们的生活方式，渗入人们的日常生活，电视成为现代家庭必不可少的东西。

早期的电视节目无论内容还是形式都很单调，甚至是枯燥。"二战"后初期的电视广告也多是由播音员手拿稿子在摄像机前面朗读，然后再加入一些相关的图片。美国著名的电视广告制作人胡博·怀特（Hooper White）在他的回忆录中描绘了当时播出电视广告的情景："即使是50年代初期，电视已经出现好几年，电视节目看起来仍然只是像个有画面的广播节目。在节目中间，播音员常常手拿着稿子在麦克风前念广告词，或是节目主持人由夏威夷四弦琴伴奏着，面对面地告诉观众Lipton红茶的醇香浓郁。那个时候，电视台还没有采用以电影片或录像带播送广告的方法，而只是做现场的实况演出。我每个星期都要到纽约为BBDO

广告公司的节目制作现场广告。这种经历可真令人难忘！这个节目和广告都是在 NBC 电视台洛克菲勒中心的 8H 摄影棚现场演出的。这个棚子里挤满了各个节目所要用的布景。在稍远的一角就是‘广告区’，它只有一个小小的背景幕。在当时，电视广告就是在这个广告区演出的。在歌舞、戏剧等节目结束时，广告区的灯光就亮了起来，播音员和演员各就广告演出位置，一号摄像机移过来准备开拍。二号摄像机在歌舞节目一结束后立刻移进拍摄位置，只有十秒钟让它进入位置和对焦。歌舞结束后，节目导播（他在由玻璃围起来的控制室里）命令‘淡出’，然后广告导播命令一号机‘淡出’。此时现场广告无论好坏，都已出现在观众眼前了。有时候，某架摄像机不小心碰倒了布景，把一面墙碰倒，甚至在节目演出中出现更糟的情况。1952 年之后，现场广告终于被广告影片所取代，广告影片制作公司亦随之出现。”

一、国外电视广告发展概况

电视广告在国外发展较快。美国 1954 年正式播出彩色电视信号，它是世界上第一个开办彩色电视的国家。1952~1960 年是美国电视的大发展时期。由于彩色电视集语言、音乐、画面和色彩于一体，彩色电视成为理想的广告传播媒体，因而在广告中也独占鳌头。

影视广告是美国文化中一个重要组成部分。新闻节目时常把摄像机对准广告，然后再频繁地播出“脱口秀”，这是十分常见的。20 世纪 50 年代，由于电视机在美国的普及，城市居民因为电视合理的费用，在周末不再去逛大街，电影院票房收入急剧下降。而且，有的家庭成员不再彼此交谈，以换取几小时的看电视节目的安静。

20 世纪 50 年代中期开始，著名的迪斯尼乐园的动画片搬上了电视屏幕，电影技术开始引进了电视，极大地丰富了电视的画面语言，使影视广告的视听效果也得到了提高。1953 年，美国著名的广告大师李奥·贝纳创作的“万宝路”形象广告打破了以前影视广告的模式，收到了极好的广告效果。在大卫·奥格威首创的“名人推荐”式广告中，花费了 35000 美元请罗斯福总统的夫人为“好运”牌奶油做广告。电视广告为美国一流大品牌的建立和推向世界，立下了汗马功劳。如号称三位一体构成美国整套生活方式的可口可乐、麦当劳和迪斯尼乐园等。

在亚洲，1953 年 12 月，日本 NHK 电视台首先开播，同年 8 月 NTV 商业电视台正式开播，这是亚洲第一座商业电视台。

1960 年以后，国际电视业进入了成熟期，影视广告的发展也随之进入了成熟期。影视广告影片的制作业日益壮大，影视技巧日臻完美，营销观念和传播观念出现革新，这无疑给影视广告带来了新的形式与内容。从而产生了许多优秀的影视广告作品，如美国著名广告大师柏恩巴克为德国大众汽车创作的金龟车系列影视广告片——“想一想小的好处”、“柠檬”、“送葬车队”等。

20 世纪 90 年代后，电视广告进入了一个飞速发展的时期。许多高科技电子技术不断引进影视广告的制作，使得影视广告的制作水平有了突飞猛进的发展，极大地丰富了影视艺术表现的语言，可以说，人们大凡能够想到的效果，几乎都可以通过电子技术制作出来，具有神奇的视觉效果和崭新的意境。

在这一时期，无论是创作水准、技术指标，还是表现效果都实现了质的飞跃。当然，自 1980 年后，电视业的竞争加剧，电视广告的发展，有线电视的增多，以及观众群体上的变化，所引起的收视率下降的问题也随之产生。有线电视网有着独特的地方：针对性强，虽然规模不大，但到达率很高。面小反应快，船小好掉头。在美国有 5900 万个家庭，63%的家庭安装了有线电视。1995 年有近 50 家靠广告为支柱的有线电视网，而且这个数字还在不断增加。

一些专家预测，在21世纪，电视业将会有比过去60年更多的变化。新技术——微波传送、数据播放及高清电视等，都将带来极大的产业变革。

此外，电视还能综合其他高科技设备的一些功能，比如“电视电脑”可以控制其他家电或储存图片；“电视电话”可以使电视会议成为现实，并且融入广告；“电视打印机”能够传送商店的优惠券；“互动电视”能够实现节目参与的互动；光纤技术和新合成技术能够提供500个频道节目和插入广告等。

二、国内电视广告发展概况

1979年1月28日，上海电视台播出了“参桂补酒”电视广告，这是我国大陆的第一条电视广告。这条广告片长1分35秒，由3~5个插片画面组成，没有使用任何运动镜头，很像是电视新闻片。尽管如此，它在我国影视广告的历史上，却具有重要的意义，它标志着我国大陆影视广告的开始。

我国的电视广告发展大致分为三个时期。

1. 初创期（1979~1985年）

在这个时期里，我国电视广告的特点是起步低，但发展速度极快。由于当时的特定社会背景和体制的原因，电视广告的制作设备都掌握在电视台，能够使用这些设备的人员也是电视台的技术人员。一方面，专业广告公司少且技术力量单薄，没有条件和能力介入影视广告的制作。另一方面，拥有制作电视广告设备和技术能力的电视台制作人员，多是从新闻、专题、电视剧等部门转业过来的，他们又缺乏广告创意和市场方面的专业知识。此外，广告主的观念也比较落后，停留在一个朴素的广告观的层面上。所以这一时期的影视广告主要是新闻报道式，有的甚至只能称为一个商品的消息形式，内容十分单调，画面多是企业的厂门、厂房及各种奖牌、奖状，构思平庸，画质低劣。

2. 探索期（1983~1988 年）

经过几年的摸索和随着改革开放的步伐加快，与国外同行业接触增多，引进了一些先进的广告观念和技术设备。社会方面对影视广告逐渐重视，如在中国广告协会电视委员会的努力下，举办了全国优秀影视广告评选，开办了创意培训班，组织有关人员出国考察，取得了一定的进步，主要表现在：

（1）开始重视新产品、市场和目标对象的分析研究，逐渐从主观的艺术创作倾向中摆脱出来。

（2）在表现形式上趋于多元化，注重创意，运用感性诉求和具有人情味的广告作品增多。

（3）开始出现广告公司为客户的广告进行总体策划和形象策划，电视广告创作被纳入广告策划范畴。

（4）一些实力较强的省级电视台，加强了广告部门的制作力量，购置先进的制作设备，在制作方式上逐步由个体作业也走向群体作业。过去影视广告片的承揽业务、构思、编写脚本、导演、摄影到后期制作，大都由一两个人一抓到底。而在这一时期则开始逐步分工协作，由专职的导演、摄影、美工师、灯光师及音乐编辑、技术制作员等共同完成。因此，影视广告的总体品质得到显著提高。这一时其出现了一些较好的电视广告作品。其主题突出、定位准确、影视艺术语言运用得当，广告语也较为有力和有效。

3. 成长期（1989 年至今）

经过探索期的磨炼，电视广告专业知识和创作经验都有了一定的积累。在改革开放的新形势及市场经济的推动下，我国影视广告业出现了很大的变化。

（1）广告代理公司和专业影视艺术工作者纷纷加入影视广告创作的行业中，打破了过去由电视台“包打天下”的格局，形成了竞争态势。

（2）电影、戏剧、音乐、美术等专业的有关专业人员参加电视广告制作，使创作人员的素质大为改善。

（3）增强了对影视广告创作理论的研究，制定了电视广告作品的评审标准，推行了对影视广告传播调查评估，推动影视广告制作逐步向专业化和科学化发展。

（4）开始追求创新，注重格调和品味，注重赋予较深厚的文化气息，公益广告增多。

（5）能够运用影视语言，即画面、声音和文案三者统一的视听语言来传情达意，增强了赏心悦目的效果。

（6）电视广告的研究、专业教育和制作方式，开始走向良性循环的轨道。

这一时期出现了一些优秀的影视广告作品。如“太阳神”、“南方黑芝麻糊”、“百年润发”等。

据统计，1990年美国每个家庭每台电视机平均开机为7小时17分，法国人每个家庭每天为5小时45分。日本人平均每天为3小时27分。1992年巴塞罗那奥运会开幕式，全世界有35亿人同时收看电视。我国中央电视台每年的春节晚会约有8亿人同时收看。这些数字都足以证明，电视，这个强大的大众传播媒体已经成为全世界的第一传播媒体，它给人们带来知识，带来娱乐，带来商品信息等，成为人们生活中不可缺少的一部分。

三、电影广告发展概况

电影广告的发展，其规模虽没有电视广告那样大，但它也是一种不可替代的广告媒体。尤其是随着新形式电影媒体的发展，更是给电影广告带来了生机。

电影广告在美国较为发达，这与美国电影业的繁荣密不可分，从而使得形形色色的电影广告在美国银幕上大显神通。广告走上银幕的一种方式就是影院插播广告。采用电影手法制作的电影广告有着电视所无法超越的优势。电影银幕宽大、图像清晰、音响逼真、气氛热烈，从而使广告效果更为动人。

电影广告已成为广告主瞄准市场的新目标。去电影院的观众多是一些年轻活跃的青年男女，他们是新型汽车、新型饮料及其他一些时髦商品的主要消费者。为了提高广告效果，电影广告的制作更为精良，一般采用60秒的微型故事，所要推销的产品直到最后一刻才登台亮相。电影广告还能与销售促进（SP）很好地结合起来，当观众进入电影院时，广告主不失时机地发放给观众各式各样的实物用品，使之成为一个绝佳的开展销售促进的机会。

美国电影已与商品推销结下了不解之缘，电影被称为“隐藏媒体”。当观众哼着电影中的小调从影院走出时，全然没有意识到他们哼的正是电影广告中的插曲。

国际新形式电影给电影广告带来无限商机。所谓新形式电影，是泛指那些普通电影院不能看到、与常规电影不同的电影新品种。了解这些新型的电影媒体特点，对于我们发布电影广告很有必要，这不仅是为了制作出相应的电影广告来放映，而且可以进一步认识这些新型电影的传播特征，更加有效地传达广告信息。

目前国际上有着层出不穷的新式电影。新式电影若以银幕的不同来划分，则有：银幕高度相当于9层楼的巨幅银幕电影；形状如天文馆圆顶的穹形银幕电影；也有银幕如锅底，观众从上往下看的圆底电影；像一本打开的大书那样的双折幕电影；像锥形体的三折幕电影；还有更多块银幕组合的多幕电影；银幕由几千条水柱构成的水幕电影，也叫做瀑布电影，等等。

新式电影若以演示手段的不同来划分，则有：多种电影胶片的配合（如20毫米、35毫米、70毫米多种电影胶片互为补充）；

电影与幻灯群的配合；电影画面配以真人、机器人、动物一起上台演出的电影；使用超低频声音转化为机械能，从而使观众感到地板和坐椅都在随影片情节而震动的电影；根据影片内容的需要，可以发出花香、饭菜香或火药味的嗅觉电影等。

新式电影若从观看的方式不同来划分，则有：坐着看的、站着看的、躺着看的、半躺着看的；也有用传送带或旋转盘载着观众看的；还有坐在小轿车里看的汽车电影院；还有卫星电影，即利用无线电波将一部电影的图像、声音，发射到正在运转的同步卫星上，再由卫星向地面转播，地面任何一家影院都可以在专门的设备上转播这部电影。

那么，为什么会出现如此新奇的新型电影呢？其中一个最重要的原因就是从20世纪50年代起，国际上随着电视等视听新技术、新工艺、新设备的推出，人们开始想方设法开发新式电影，来与电视进行抗衡并赢得相当的观众。

新式电影的特点是：大画面、大视野、高清晰、高保真。利用电影自身的技术优势，使观众在高质量的声画环境的包围之中，产生身临其境的强烈感觉，有着在家里看电视绝对得不到的奇妙环境效果。新形式电影具有异乎寻常的魅力。

随着电影形式的翻新，电影院的改革（如个性化影院的增多），电影发行、宣传、运作的多元化，电影观众的增多，以及人们对电影广告认识的改观，电影广告也就越显示其不可低估的力量。

第三节 影视广告的分类与特点

一、影视广告的分类

1. 根据播放性质划分

（1）电影广告：电影广告是在固定的地点通过电影放映机放映。电影广告主要有短片和幻灯两种。电影广告是由电影胶片摄制而成（通常是35毫米和70毫米）。

（2）电视广告：通过电视台播放的广告。电视广告的形式有：

节目赞助广告。这种形式是指广告主提供一个电视节目，然后在一段时间内播放广告主企业的电视广告。广告时间是根据节目长短或广告主提供的制作费或赞助费用多少而定，这种广告具有以下优点：

①配合节目演出，可以邀请节目中的演员来拍广告，起到“搭车”的效果。

②可以制作较长时间或时间长短不等的电视广告。

③播放电视广告的时间上灵活，可以在节目前后，也可以在节目中间播出。

插播广告。插播广告又分为节目与节目之间的插播和一个节目之内的插播两种。插播广告是由各个国家和地区电视台按照自己的国情或习惯，依照节目与广告的一定比例安排固定的广告播出时间，所以必须受电视台标准时间单位的限制。

2. 根据制作方式划分

（1）电影胶片广告（CF即Commercial Film）。通常是使用35毫米或70毫米电影胶片拍摄，然后再通过胶片转换成磁带

（即胶转磁），制作完成后送到电视台播放的电视广告。电影胶片广告，由于胶片所包含的技术信息量大，因此色彩饱和，成像清晰度高，画面层次丰富，质感效果好，又可以使用电影特技，所以能够更好地表现广告的魅力和感染力。目前，对于要求较高的电视广告片，大多是使用电影胶片广告。

（2）录像带广告（CM）。录像带广告一般是指由广播级摄像机拍摄的电视广告。目前大多使用的是 Betacam（模拟数字带）和 Digital Betacam （数字带）及光盘数字摄像机摄制完成的。与电影胶片广告相比较，录像带广告也有其诸多优点：不用冲洗，免去了胶转磁的工序；不用特殊设备，轻装上阵，录像带可以反复使用；摄制周期短；成本相对较低等。

随着现代数字摄像、非线编辑技术的不断提高，使录像带广告的画质越来越高，有的效果已逐步向胶片靠近。因此，录像带广告仍然被广泛使用。当然，到目前为止，从整体技术水平上讲，录像带广告的画质仍与胶片广告有一定差距。

（3）现场播出广告（Live Show）。这种广告能发挥电视媒体的最大特点，利用它的同时性和直接性为产品或服务做现场直播。这种直播的广告还具有真实性和参与性，适宜于抽奖、赠送等现场广告活动。当然，现场播出广告也客观存在不能保证万无一失的缺点，可能会出现意想不到的问题。

（4）幻灯片广告（Slide）。把图片或产品拍成幻灯片或将文字与图画绘在纸上拍成幻灯片，也可以使用电脑图文处理成幻灯片放映出幻灯片广告。它的特点是画面静止不动，可以配上音乐和解说，制作简便灵活，可供应急或制作条件不完善的地区使用。

（5）字幕广告（Supered Title）。将要播放出的广告信息以文字的方式叠加在画面上。字幕可以是静止的，也可以是流动的。因为没有声音，所占画面比例小，所以较少影响观众欣赏节目，观众抵触心理少，时效性较好，播出效果也不错。

3. 根据影视广告性质划分

（1）商业广告（Commercial Message）。该类广告是以营利为目的，传递商品或服务讯息，以引起消费者的注意和好感，通过说服与劝诱，引发消费者的购买行为的广告。具体又可分为：

①商品广告：它包括有形的商品和无形的服务，主要是介绍商品的名称、性能、作用、优点、品牌等。

②企业形象广告：在商品同质化，市场竞争激烈的时代，提高企业形象，提升品牌效应，成为一种明智的选择。企业从全局和整体利益出发，不介绍具体的产品或服务，而是通过一定的宣传在消费者心目中树立良好的企业形象。企业形象广告的主体是宣传企业的经营理念和定位目标，以及企业的历史与成就，提高企业的知名度，并与产品广告相配合，以博得社会公众对企业的好感与信任，沟通企业与消费者的公共关系。

③促销广告：以短期、临时的告知性内容为主，引起消费者对商品的兴趣的广告。其内容主要是各种展销、促销、直销、赠送、咨询服务或各类有奖销售活动。

（2）公益广告（Public Service），也叫公共广告。其目的是为社会公众利益服务。公益广告主要是唤起公众对社会各种现实问题的关心，并呼吁以实际行动来解决或制止有碍社会利益的不良行为，倡导、推广积极的、有利社会公共道德的行为。

4. 根据影视广告诉求方式划分

这是指广告借用什么样的表达方式来引起消费者的购买欲望并采取购买行动的一种分类方法，可以分为：

（1）理性诉求广告：影视广告采用理性诉求的说服手法，从原理、本质、作用等方面“晓之以理”。有理有据地直接论证产品或服务的优点，引导消费者进行认同、购买、使用，该类型的诉求方式更适合于新产品或服务的导入。

（2）感性诉求广告：影视广告采取以感觉、情感等感性的方式“动之以情”。使消费者对广告商品产生好感，建立情感上的纽带，从而引发购买行为。

5. 根据影视广告生命周期不同阶段划分

（1）开拓期广告：是指新产品或服务刚进入市场期间的广告。主要介绍产品的特点、功能、使用方法等，用以打开市场销售局面。

（2）竞争期广告：是指商品或服务在成长期与成熟期之间，市场形成竞争阶段所做的广告。它着重介绍商品或服务优于竞争对手之处，如价格便宜、原料上乘和售后服务佳等，以突出个性，在市场竞争中括大市场占有份额。

（3）维持期广告：是指商品或服务在成熟期以后的广告。主要是宣传商品或服务的品牌，延长商品或服务的市场生命周期，随时提醒消费者继续购买。巩固前两个时期的宝贵成果，为保持市场占有率和延长品牌周期打下基础。

二、影视广告的特点

1. 电影广告的特点

电影广告与电视广告相比，其特点各有所长，两者的功能相互都不能代替。目前，从我国电影广告的总体情况看来其渗透力远不如电视广告，传播程度也不如电视强，但其发展潜力还很大。电影广告在传播功能上主要有以下一些特点：

（1）有强制性接受的作用。

（2）电影的银幕宽大，音响效果好，震撼力强，使受众有身临其境的感觉和具有人物、景物逼近的真实感，受众心中的残留印象深刻。

（3）电影广告的诉求重点简单明了，容易为受众理解和接受。

（4）电影的娱乐性强，可使受众在较轻松愉快的心境中接受广告信息。

（5）电影广告的媒体使用费较低，能够为一般中小企业所接受。

（6）电影广告的缺点是：电影广告的制作费用成本高，传播面较小。因而电影广告相对于电视广告而言缺乏竞争力。

2. 电视广告的特点

电视广告在所有的广告媒体当中，是具有极强的竞争力和发展潜力的一种。由于其发展势头的强盛和独特的传播特点，在广告市场中长盛不衰。它的主要特点有：

（1）声像兼备，娱乐性强。电视既能看又能听。电视广告可以让观众看到生动活泼、直观而逼真的人物表情和动作，因而对观众具有广泛的吸引力。更重要的是还可以通过一些画面的特写镜头，突出展示商品的个性，甚至是它内部的情况。如外观、内部结构、使用方法、效果等。在突出商品重点方面是任何其他广告媒体都比不了的。

电视广告不仅极大地“加强”了人在获取信息的重要器官——眼和耳的接受功能，而且，它“寓教于乐”，在轻松的接受状态下使人们得到广告信息，并留下深刻印象。它超越了一般接受信息的许多障碍，成为一种最大众化的传播媒体。它不受文化知识水平的限制，只要是正常的人，无论他（她）受文化教育的程度如何，一般都能看懂电视广告中所传达的内容。所以，电视广告通常又是能够跨越国家和民族界限的。

（2）瞬间传达，有强制性。人们打开电视机不是为了看广告，而是为了观赏电视节目，从本质上讲是反对电视广告的，因为广告占用或打断了他们要看的节目，所以广告的时间不允许太长。目前，全世界的电视广告长度都大同小异，广告时长都较短。大多以 15 秒、30 秒、45 秒、60 秒为基本单位，除少数有三四分钟的广告，一般都是以秒来计算，在我国还有 5 秒的电视广告。这样一来，就要求电视广告在极短的时间内传递较多的广告信息。电视广告对观众具有强制性，观众完全是在被动的状态下接受电视广告的，这是电视广告媒体区别于其他广告媒体的特点。看什么电视广告、何时看，观众无法控制，毫无主动权。既不知道电视广告何时出现，也不知道将出现什么电视广告，只有依次按照电视广告镜头出现的时间顺序看完所有的画面。不能像看画报或印刷广告那样一目了然，甚至只看一个标题便略知一二。此外，电视广告也没有重复观看的自由。

（3）电视广告的优点。

①冲击力、感染力强。由于电视是唯一进行动态演示并广泛传播的媒体，它的综合表现能力强。不像平面媒体那样只有静态的画面而没有声音。广播广告只有声音而没有画面。现场表演虽然声像兼备、动态演示，但不能同时四处传播。由于电视广告是通过声波和光波信号直接刺激观众的感官和心理，因此电视广告的冲击力和感染力极强。

②传播广泛，到达率高。电视广告可以迅速穿越时空到达电波能够覆盖的任何地方，直接进入千家万户。尤其是在城市，几乎每个家庭都拥有一台或几台电视机。通过电视对受众，特别是那些爱看电视又握有购买决定权的家庭主妇进行宣传，更是能够直接刺激她们的消费。只要观众打开电视机，电视广告就会接踵而来，除非你关掉电视机，否则，你难以阻挡电视广告的出现，所以电视广告的到达率极高。

③贴近生活，促进购买。人们的生活越来越离不开电视，它与我们紧密相连，占据人们生活的时间也越来越多。

④可信度高、灵活性强。虽然一些人认为电视广告夸张而又有误导性，但由于它是属于有限的特殊资源，电视传播事实上有

着无可否认的可信度。无论是电视媒体本身，还是电视广告都存在这个既成事实。这种情况在我国表现得更为强烈，到目前为止，我国大陆尚无民营电视台，所有电视台都是政府所办，人们出于对政府的信任，自然认为电视台是可信的，而电视台播放的电视广告也当然是可信的。

⑤电视广告也体现了极大的灵活性。广告主做广告，不管是区域性的，还是国际性的，都可以随时调整电视广告的内容和形式。这样，地方性商家可以使用电视广告，小型零售商也能以低廉的价格使用当地的电视台做电视广告。既可以在全国大范围的做形象或品牌广告，也可在目标市场做地方性的产品销售广告，还可以根据不同的情况随时调整。

（4）电视广告的缺点。在电视广告众多的优点背后，也明显地反映出了电视广告的缺点。

①时间上的限制。由于大多数电视广告均以秒为基本单位，所以电视广告信息量极受限制。电视广告来去匆匆，时间一到，广告就停止，难以一次性在观众心目中留下深刻的印象。电视广告的每一个镜头也相当短，有的只有几个画格，稍纵即逝。同时，在播放内容上也受限制。电视广告不能方便的保留、传阅和反复观看，不便于记忆，尤其是一些信息量大的商品很难记住。

②受到收视条件的影响。电视广告的传达，首先离不开电视机和一个适当的环境。如果这些条件不具备，就会阻碍电视媒体的信息传达。在观众看电视时，观众的人数、距离电视机屏幕的远近、观看角度、音质音量，以及电视接收的信号强弱、电视画质等，都直接影响电视广告的传达效果。此外，即使是同一条电视广告，在不同时间或时机播放，其收视效果也大不一样。

③费用高。这一方面是指电视广告片本身的制作成本费用高，周期也长；另一方面是指媒体播放费用高。电视广告的制作，其工艺流程复杂，制作周期长，涉及面广，不可预见因素较

多（地域、季节、天气、设备、人员等）。而电视广告拍摄的片比，大多比拍摄电影、电视剧要高。电视广告影片拍摄的片比一般是 100∶1，我国大陆电影拍摄的片比仅为 3.5∶1。由此可见，仅是用胶片一项来看，电视广告就比普通电影、电视剧要高出许多倍，还不包括反复拍摄而产生的其他费用。电视广告通常是专门作曲、演奏、配音、选景、搭景、剪辑、合成等，这也需要大量的资金。电视广告的播出，其费用更高。电视广告要达到很好的传达效果，就要选择覆盖面广的目标媒体，还需要有许多次的重复播出。一些黄金时段的播出其效果更好，而这些黄金时段可都是靠“黄金”的价格来换取，一些特殊时段更是达到了天价。一些企业为了保证或垄断广告时段以天价竞标，成为“标王”，而最终导致“标亡”。所以，电视广告摄制、播出的高昂费用，让一般中小企业望洋兴叹。

第二章　影视艺术语言

第一节　影视艺术语言的基本单位

电影和电视都是由图像和声音这两大重要部分构成的，其中图像部分起着主要的作用，在影视广告中具有独特的位置。那么，它又存在哪些基本的语言单位呢？

一、画幅

无论是通过银幕成像的电影，还是屏幕显示的电视，它们的画面可大可小，但其画幅的比例却是有一定规格的，有着严格的科学性和统一性。

众所周知，适当比例的长方形被世人公认为是最美的“黄金分割”，这大约是 5∶8 或 3∶5 的比例。无论是文艺复兴时期的建筑、绘画，还是现代艺术都适用于这一审美原则。而电影和电视画幅矩形通常是采用 3∶4 的比例，其比值是 1∶1.333，基本接近“黄金分割”矩形的 1∶1.618 的比例。除此之外，还有一些特殊的画幅，如宽银幕电影、环形电影等；电视中也有 16∶9 的画幅等。

画幅规格一般对电影来说，是指胶片宽度及影像尺寸和形状。画幅是由矩形的比例来描绘：画幅的宽度除以高度，就是画幅的宽高比。1∶1.333 的宽高比就是常规的画幅标准——8 毫米、16 毫米、35 毫米胶片都是如此，也叫做学会标准片格窗。

在美国商业性电影院中，放映的多数影片是 1∶1.85 的比例。在欧洲放映的多数影片是 1∶1.66 的比例。供电影院放映的影片一般是用 35 毫米（也有用 65 毫米胶片）电影胶片拍摄的。常常用变形镜头将所拍摄的影像“压缩”，使其能与影片的画幅相运用，在放映时反过来用“解压”镜头将其还原，使其恢复到原来的宽高比。变形系统一般称为斯科普（Scope）。

对电影来说，通常是画幅尺寸越大，所记录的影像质量就越好。这是因为胶片每次曝光受光面积大时，影片的颗粒和缺陷对影像的损伤就少一些，而密度就高。35 毫米摄影机每秒使 13 平方英寸的面积曝光；16 毫米摄影机曝光面积仅为 3 平方英寸。这个原理同样适合于常规声音的录制。

尺寸小的画幅的最大缺点，是将影像放映到银幕上时所需要的放大倍数问题。一个 16 毫米的画幅在 8×10 英尺的银幕上放映时必须放大约 10 万倍，而要充满同样大小的银幕，一个 8 毫米的画幅就需要放大 30 万倍以上。

用 35 毫米电影胶片拍摄的画幅，通过胶转磁以后成为电视录像带信号以后，其画幅规格也大致相同。当然，用来制作的工作版会比制作成片后的播出版的画幅要大一些，这是因为要确保播出画面的完整及制作中的画面调整。

二、画格、画帧

画格和画帧分别是电影、电视画面的最小构成单位。画格是指由 24 幅画面组成的一秒钟电影画面的某一幅画面。画帧是指由 25 幅画面组成的一秒钟电视画面中的某一幅。

电影胶片每秒有 24 画格，电视每秒为 25 画帧，这是由于它们在记录方式上的技术性不一样所决定的，而两者表现在时长上的效果是完全一样的，不会影响画面动作上的表达。

三、镜头、画面

镜头，是电影、电视艺术语言中一个常见的元素，从完整的意义上讲它包含了两层含义：一是指摄影或摄像机上用的光学镜头，即有透镜系统组成的光学部件。二是指摄影艺术语言中的每一个镜头，即摄影（像）机从开机到停机时所拍摄的连续画面。它可以是单个的画面，也可是连续的画面。

著名法国电影理论家马尔丹给镜头下的定义是：“镜头是拍摄过程中摄影机的马达开启至停止这段时间内被曝光的那段胶片。从剪辑的角度看，是使之剪两次与接两次之间的那段影片。从观众的角度看，便是两个镜头之间的那段影片。”

画面，原本是来源于绘画的用语。画面是客观物体的具体映像。在电影、电视中，画面具有它的特殊的含义，一般单独的一幅或一帧画面不能拿出来欣赏，而是由一连串的画面才能表达一个完整的映像，所以具有不完整性。

画面构成电影、电视中的镜头，但镜头不等于画面。有时一幅画面就是一个镜头，而有时，一个镜头由很多个画面组成。镜

图 2-1 宁静、幽深的画面

头可以单独表达一个意思，而画面却不能。

四、构图与镜头表现

1. 构图

构图一词同样是来源于绘画，但电影、电视中的构图，与绘画中的“构图”有许多不同之处。构图是分析画面的组成成分，确立画面中各个组成部分的位置和相互关系，是设计完美画面的过程和受段。影视艺术的构图具有以下特征：

（1）流动性和不完整性。电影、电视的构图是动态的，需要几组画面才能得到完整的构图。是通过活动的画面反映剧情的发展，包括动作的起落，动作的过程等。

（2）鲜明、生动、简洁、明确。影视片每个画面出现在银幕（屏幕）上的时间是一定的，这些画面表现具有即逝性，一旦画面没有看清楚，画面也就过去了，想要看清只有重放。所以，影视画面必须鲜明、生动、简洁、明确。在构图时，还要考虑到如何引导观众的注意力。

（3）依照画格，按 3∶4 设计（特殊比例除外），摄影师按照这个比例决定画面的构图。

图 2–2　斜线穿插的画面构图

图 2–3　斜线构图

2. 构图的成分与作用

（1）主体。它是画面的主体结构，也是内容之中心，其他人、物围绕呼应。突出主体的方法有：

①把主体放在画面中心或黄金分割线上（九宫格交叉线上）。如把主体放在画面最近处，让其他物体占较大面积，但也要符合人们的视觉习惯，不应绝对化，尤其是在连续活动的构图中。

②把主体放在光线中心。使用不等的光比来突出主体，减弱主体周围的光线，主体自然就突出了。主体与背景的关系是，主体亮时，背景就要暗淡；主体暗时，背景就要亮。

③主体出现的时间较长。为使观众看清楚重点部分，留下较深的记忆，主体出现的时间要长一些，但要把握好具体的尺度。

④利用景别大小（特写、远、中、全景）表现主体。对重点部分，可用近景或特写，使观众看得更加真切。

⑤利用对比烘托主体（虚实、繁简、动静、质地和色彩等）。

图 2-4 构图设计

图 2-5 深色背景突出了浅色的主体

图 2-6 浅色背景衬托出深色的主体

（2）客体。它是与主体密切相关，构成一定情节的对象物，能进一步说明、阐述、引导主体。客体可以出现在主体的各个部位，也可以在画面以外，靠观众的联想实现，在观众的头脑中形成对主体的印象，突破时空限制，引起观众的兴趣。客体还有助于环境气氛的表现，并能装饰、升华画面，使画面更加生动。主体与客体的关系在影视画面中并不是一成不变的，它们之间的位置是可以变换的。在设计客体时，要使它始终处在陪衬的位置，既与主体相呼应，又不能喧宾夺主，分散观众的注意力。

图 2-7 瀑布、小孩形成相关联的前、后客体

图2-8 背景也可能转换为客体

（3）前景。它是主体前面的人或物。可用来表现环境气氛和主题意境，增加画面的透视感、纵深感，表现主观色彩。在影视艺术中，安排前景一般不宜过大、太复杂或太亮，不能破坏主

体，前景的色彩要与主体加以区别，以利烘托主体。前景有以下特点：

①前景可以用来表现时间、地点特征，反映时代、季节、环境特征和渲染气氛。

②把一些富有特征的形象放到前景的位置，起到加强画面形式感和概括力，使主体画面更加深刻而有代表性。

③把有位置特征的影像或物体（门、窗、洞口等）作为前景，可以符合人们观看习惯，产生主观感受，拉近观众与画面之间的距离，使之有身临其境的感受。

④前景有装饰画面、均衡构图的作用。由于前景通常处在前沿位置，因而面积较大，色调浓重。安排前景的时候要有目的性，要注意形式完美和画面均衡，前景不宜太复杂、太亮，不能有破坏主体的现象。可以减弱前景的光线或使之虚焦，甚至可以不要前景。

图 2-9 楼梯的装花构成前景，在移动中形成动感

3. 镜头表现

具体的摄影（像）镜头的运用，我们将在“影视广告摄影”一章中讲述，这里主要说明影视艺术语言中宏观的镜头原理及表现。

（1）主观镜头。这好似通过画面中某人的眼睛看事物。主观镜头可以用来表现人物的亲身感受。

（2）客观镜头。这是从自然客观的角度表达事物的现象，能给观众一种真实自然的印象。

（3）长镜头。这是长时间、连续拍摄的镜头。即是在不关机的情况下长时间、多手法地拍摄。可以用来表达较长时间内发生的事件。

（4）背景。这是在画面上离镜头最远的部分，它的作用是衬托和突出主体，也可以交代出事物所发生的环境、位置及时代等。

背景通常不必单独处理，尤其是在影视广告中，因为广告的时间有限。如果背景上有破坏主体形象的情况时，可以改变拍摄角度或调整镜头的焦点，使背景变得模糊。有时出现一些光斑，反而会产生意想不到的特殊效果。在影视广告中，经常有意制造虚焦、透视感的背景效果。

图 2-10　人物背景的透视关系，加深了画面的空间层次

(5) 画面留白。在影视画面里，除了安排主体、客体、前景、背景等实体之外，通常还要留下一些空白，让它在画面中有一定的面积和位置。这也是一种视觉上和构图上的需要，就好比中国画讲究的“计白为墨”的美学原理。一片空地、天空、水面或光斑等，都可视为空白。这样，画面就不是挤得满满的，让人感到难受。归纳起来，留白有以下作用：

留白合理，可以使主体轮廓鲜明突出，产生强烈的视觉效果，画面更为简洁、清爽。

留白可以产生节奏，随着镜头的运动，空白在画面的面积产生变化，出现或舒缓或紧迫的视觉与心理变化。此外，画面的留白还要合乎人们生活经验和心理要求的规律。

图 2–11 留白使画面与人物充满想象的空间并富有个性

4. 构图原则

影视画面构图是一个非常复杂和灵活性很强的创作问题，尤其是在外景拍摄，情况更是千变万化。创作者的艺术观念不同，对影视画面的构图处理也有不同的理解和偏爱。但是，按照人们的审美习惯和常规，构图表现有以下原则：

（1）均衡：均衡是人们与生俱来的心理要求，它给人以一种稳定、自然的感觉。均衡有两种形式：一是主体居中，左右相对均衡，这种心理上的相对均衡就好像用秤来称东西一样，物体与秤砣保持均衡关系。二是画面上有绝对中心，两侧完全对称。

图 2-12　小船与右面的人物共同构成一种均衡感

（2）统一。统一的原则是指拍摄目的的统一性。即拍摄每一个画面，除了要求相关内容的统一外，还要注意画面中多种造型因素、主题的统一。由于影视画面是连贯的运动，画面的布局、均衡、节奏、对比都应保持一定的风格统一性，这样就不至于使观众在视觉上造成观看障碍。此外，背景的统一；画面中各部分之间的呼应关系统一；色调与影调的连贯统一；相似开头或相似方向的动作感觉的统一；流畅的线条等，这些都是有利于画面统一的构图方法。

（3）形式感。分割一个画面，不仅要依照主、次关系来决定，还要考虑到其位置的安排，“形式线”的组合。这样就能构成生动、活泼的画面，而且不露痕迹。这些形式线也构成了画面丰富多变的美感。如广角镜或鱼眼镜的使用，拍摄出的画面变形的效

图 2-13 半圆围合式构图，使画面元素多而不乱

果，其形式感就非常强，它夸张了造型，在画面构图中显得圆润、流畅，在影视广告中经常使用这类形式感很强的手法来构图。

图 2-14 小路把画面分割为左、右两块，视线更为集中，前景的路灯在升降运动中，增强景深及动感参照

（4）趣味。趣味能吸引人的注意力，在影视广告中尤显重要。趣味可以来自多方面，如在变化中求趣味，在生活体验中求趣味等。我们知道儿童喜爱看动画片，其中一个很主要的原因就是动画片变化幅度大。喜欢变化，也是人类的本性之一。如果失去变化，则感到乏味。画面构图采取生活中不常见或不可能的视角，会给观众以新鲜、刺激的趣味感。

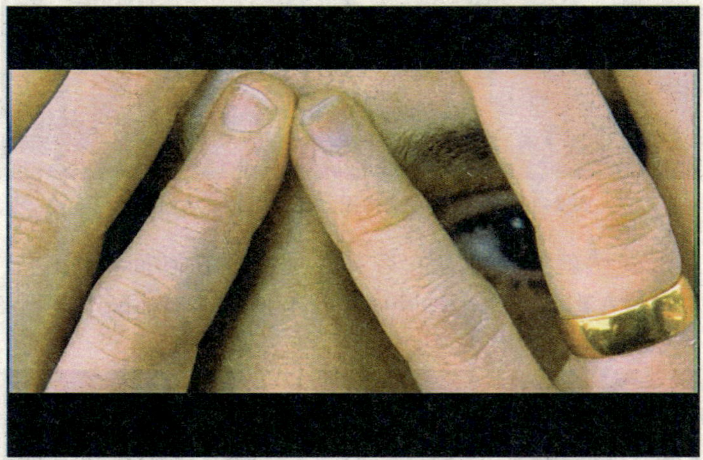

图 2-15　这个大特写中的手指斜向分割画面，眼睛微露，增加画面趣味

（5）字幕与景物可视性。由于电影电视的画面转瞬即逝，尤其是电视画面较小，所以字幕力求简短，通俗易懂，一般不超过 9 个字。还应注意字幕的大小、色彩和位置。使字幕成为画面的一部分，而不应孤立地处理。字幕在影视广告中经常出现，以说明产品或服务的名称、注解等。在运用中要考虑到与画面的关系，放在不同位置就有不同的视觉效果。凡是重点突出的字幕，就应放在视屏效果较强的位置。

（6）视屏导向。根据人们生活经验和观看习惯，构图要讲究运动感的自然与协调。观众的注意力通常处于视屏中心部位，所以中心部位的吸引力最强，画面的四周吸引力较弱，但富有标志性。

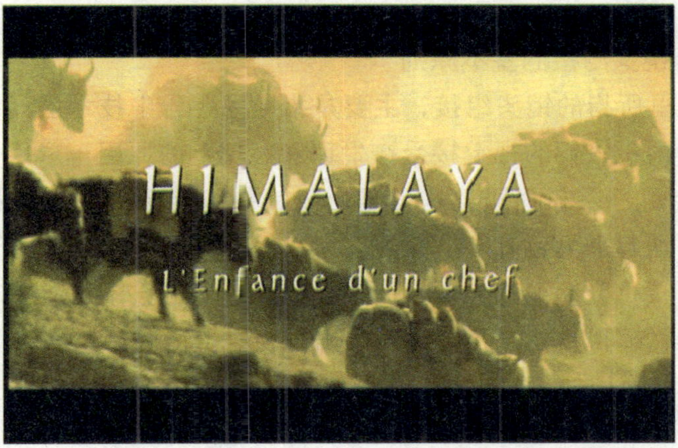

图 2-16 字幕与画面在风格、空间、位置、色调、字体等方面协调统一

五、镜头组接

1. 镜头组接的概念

电影、电视是画面、声音和时间及空间结合的产物。而电影、电视的拍摄，又是分段拍摄、制作的。要达到预期的表现目的，还需要按照一定的逻辑关系和组接原理，把分段的镜头连接起来，通过技术手段，完成影视作品。

镜头组接有两层含义。首先，是一道技术性的工艺活动，是将分散、零碎的镜头连接起来。在电影制作中先将分散的胶片粘接起来。在电视制作中通过非线性编辑将画面组合。其次，是按照一定的思想和逻辑关系将影片内容组接在一起，也就是通常所指的“蒙太奇”。这就不是纯粹的工艺问题了，而是上升到了艺术思维的更高层度。这就要求镜头组接必须符合艺术语言的表达规律和人们正常的思维方式，只有这样，才能被观众看懂并接受。

镜头组接作为一种艺术表现手法，它本身也有许多艺术及技术方面的特性。

2. 镜头组接的基本原则

这里所指的镜头组接，主要是指影视广告中技术层面的镜头组接。由于人们的视觉接受在生理和心理上的原因，形成了一系列的接受习惯和程式，这也是形成镜头组接基本原则的根本原因。归纳起来大致有以下几类：

（1）动接动：通常采用一个运动的画面接另一个运动的画面，这样显得自然、流畅，不会出现视觉上的障碍。

（2）静接静：是指一个静态或相对静态的画面与另一个同类的画面组接，也能顺畅地过渡到下一个镜头。

（3）动接静或静接动：通常要采取一定的过渡手法处理，否则，会出现跳动、生硬的情况。

3. 镜头组接的基本方式

随着人们思维、观念的发展和高科技的运用，产生了多姿多彩的镜头组接方式，而不同的镜头组接的基本方式会给观众在视觉和心理上造成不同的感受，也影响着观众对影片内容的理解和接受。镜头组接的基本方式有：

（1）切换：即把两个镜头直接连接起来，前一个镜头结束，后一个镜头立即开始。这种镜头组接方式也叫无技巧剪辑，其使用的机会也较多。其特点是：对比强烈、节奏感强、简洁、朴实。从时间上看花费时间最少。在影视广告中，最适合表现节奏性强、刺激度高的内容。

（2）叠化：叠化是指两个或两个以上不同时空、不同景物同某一画面重叠起来，在同一时间出现在同一个画面上。叠化的主要作用是给人以时空上的感受，有压缩时空和引起联想的作用。例如：一个青年人的面部特写，叠化后成为老年的面部，省略了两者之间的变化过程，也喻义着人生和时光的变化。

（3）淡变：淡变有两种，即淡入和淡出。前一个镜头逐渐变暗以致消失，后一个镜头逐渐显露直到清晰。这种组接方式适合于表现某一事物的结束和另一事物的开始。其特点是：过渡平稳、舒缓，中间的空场可以给人一个"间歇"的感受，但所花的时间较长。

（4）划像：划像分为划入和划出两种。即后一个镜头从前一个镜头画面上渐渐划过或后一个画面把前一个画面挤出去。有点像推拉门窗一样。划像的样式也很多，如左右划、上下划、枝形划等。这种技法在一些老电影中常见，现在少有使用。

（5）闪白：在前一个镜头与后一个镜头之间空出几格（帧）画面，形成闪烁的白光，然后过渡到下一个镜头。其特点是节奏感强，视觉刺激度大，花费时间少（通常只需空三四格），尤其适合于同机位变换镜头组接，在影视广告中经常使用。

（6）分屏：在电视中称为分屏，在电影中称为分割银幕。即在同一画面中插入不同的小画面。这种方法较适于在短时间内同时表现几个镜头画面。既可节省时间，又可起到转换场景的作用。

以上列出的是几种较为常见的镜头组接方式和技巧。此外，还有一些别的组接方式，在影视技术数字化的今天，镜头组接方式变得更为丰富多彩，如马赛克、翻转、圈入、圈出、帘入、帘出等。这些技巧的使用都要根据实际情况而定，如影视的风格、观众的需求等。

图 2-17 多画面分割屏幕

第二节 影视艺术语言的技巧——蒙太奇

一、蒙太奇的概念

蒙太奇（Montage）原来是法语中建筑学上的一个词，原意是把各种不同的材料，根据一个总的计划分别加以处理，把材料安装、组合在一起，构成一个整体。这个名词后来被借用到电影艺术中来，最初就是指镜头和镜头之间的组接，并成为世界上电影的通用语。

对蒙太奇的理解，世界上各国的电影艺术家有着不尽相同的说法。尚没有一个完全的定义被大家公认。而蒙太奇又是影视艺术中极为重要的概念和方法，可以说不懂得蒙太奇就难于创作影视作品。

大英百科全书的解释是："蒙太奇指的是通过传达作品意图的最佳方式对影视进行的剪辑、剪接以及把曝光的影片组接起来的工作。"

法国电影理论家马赛尔·马尔丹在《电影语言》一书中写道："蒙太奇是电影语言独特的基础。""蒙太奇意味着将一部影片的各种镜头叙述思想在某种顺序和延续时间条件中组织起来。"

原苏联电影导演爱森斯坦认为，蒙太奇"不是用连接在一起的画面来叙述思想，而是要通过彼此独立的两个画面的冲突而产生思想"。

我国电影理论家夏衍说："所谓蒙太奇，就是依照着情节的发展和观众的注意力和关心的程序把一个个镜头合乎逻辑地、有节奏地连接起来，使观众得到一个明确、生动的印象或感觉，从而使他们正确地了解一件事情的发展的一种技巧。"

从以上名家之言不难看出，虽说是众说纷纭，但有两个基本论点被大家认可：其一，蒙太奇是影视创作中特有的思维方式；其二，它为画面语言构成方式。

二、蒙太奇的来源

首先，蒙太奇来源于生活，来自创作者对人类客观世界的观察和理解、概括和提炼。这包括人的视听感受的经验，并利用分析、综合、联想、回忆等思维规律。其次，它是依据一定的关系、原理，反映现实的需要，对生活中的各种素材进行选择、加工等，使之典型化和美化。在这一过程中加入了创作者的思想、情感和创作意图。再次，它是影视艺术的制作工艺、技术所具有的可表现性。

蒙太奇也是创作者依据对生活的观察、认识而采用的一种艺术方式。原苏联著名电影导演和理论家普多夫金曾举过一个例子，来说明蒙太奇的依据，他说："让我们举一个从街上走过的示威游行队伍作例子。我们试想一个观察者来看这个游行队伍，为了得到一个完整的明确的印象，他一定要采取某些行动。首先，他一定要爬上房顶，这样可以俯瞰游行队伍的全貌并估量游行队伍的人数；然后，他就要下来，从第一层楼的窗口向外看游行者举起的旗子上的口号；最后，为了看得清楚参加游行者的面容，他还要跑到游行者的队伍中去。这个观察者变换了三次视点，他之所以时而从近处看，时而又跑到远处望，这就是要从他所观察的现实中得到一幅尽可能完整的画面。美国人成为首先探索如何设法用摄影机来代替这种活动的观察者。”

这个例子说明了要得到准确、完整的印象，必须采用不同的视角和视点。由于每个人的世界观不同，所以他们对生活的观察也各有差异，对蒙太奇理解也有所不同，这也构成了不同人的作品其风格的不同。因此，蒙太奇是因人而异的，有多少个人就有多少个不同的蒙太奇。

三、蒙太奇的分类

蒙太奇的分类方法繁多，但主要可分为两大类：即叙事性蒙太奇和表现性蒙太奇。然而，正如马尔丹所说：“这两种蒙太奇之间显然没有明确的鸿沟，有些蒙太奇的效果还是叙事的，但已具有了表现的价值。”

1. 叙事性蒙太奇

叙事性蒙太奇，就是用来讲述故事，交代情节而用的蒙太奇。这是蒙太奇中最基本、最简明和最直接的一种表现形式。它的作用是连接段落与段落转场，贯穿动作线索，节约时间、压缩时空，使情节清晰、自然而流畅。

在叙事性蒙太奇中又可细分为：连续式、平行式、交叉式、积累式、重复式和颠倒式等。

（1）连续式。它是以一条情节线索或一个连贯动作的连续出现为主要内容。镜头的连续以情节和动作的连续、逻辑上的因果关系为依据。这是影视中使用最多、最基本的叙事手法。它的优点是脉络清晰、有头有尾、层次分明，容易被观众所理解和接受。

(2) 平行式。平行式蒙太奇是两条或两条以上情节线索交错叙述，把相同时间、不同地点和空间，同时发生的事件交错地表现出来。这种蒙太奇叙述方法，可以使两处或两处以上的事件相互烘托。利用一个场景转到另一个场景，一个动作转到另一个动作的交叉叙述，可以省去多余的过程，节约时间，有利于丰富情节，增加影片的容量。

(3) 交叉式。两个以上同时的、平等的动作或场景交替出现，叫做交叉式蒙太奇。这种蒙太奇手段，能给人以“惊心动魄”的印象。

(4) 重复式。影片中前面出现过的画面、动作、对白、场景、道具、音乐等，在后面再次出现，产生前呼后应、反复强调的效果。此外，重复式蒙太奇的手法，也可以产生喜剧的效果。

(5) 积累式。把一连串性质相近，说明同一内容主题的镜头组接在一起，造成视觉积累的效果。

(6) 颠倒式。把故事情节从现在转到过去，又从过去转回到现在，造成倒叙或插叙的效果。

2. 表现性蒙太奇

表现性蒙太奇的作用主要不是用来叙述事情本身，而是为了表现某种寓意、精神、情绪。

表现性蒙太奇通常是以镜头和镜头的对立为基础，利用画面的类比，系统的关系，来获得独立的艺术效果。表现性蒙太奇追求的镜头与镜头组接再生的“新的含义”，正如爱森斯坦所说：“不是二数之和，而更像二数之积。”与叙事性蒙太奇相比，表现性蒙太奇则更讲究镜头与镜头之间的对立，用来迸发艺术的感染力。

表现性蒙太奇通常有以下几种形式：

(1) 对比式。它把不同内容、不同形象、不同声音的画面组接起来，造成强烈的对比关系。如：一大一小、一强一弱、一美一丑等。在镜头或场景的组接上，把内容上、情绪上、造型上的尖锐对立作为依据。这样，会产生相互衬托、互相影响的作用。例如：飞机轰炸的战争场面，其背景音乐配以瓦格纳的交响曲，残酷与优美形成强烈的对比。

（2）隐喻式。隐喻式不像对比式那样对比强烈，而是将貌似相同而实质不同的两个事物加以并列，也称为类比式。如常用暴风骤雨来表现愤怒或激动的心情等。

曾被引用的隐喻式蒙太奇的经典例证，有爱森斯坦拍摄的《战舰波将军号》中，三个石狮子的用法：倒卧的石狮；炮轰；立起的石狮；炮轰；站起的石狮。导演通过三石狮从卧到站起的

(a) (b) (c) (d)

图 2-18 《战舰波将军号》蒙太奇

不同姿态，隐喻人民革命意识的觉醒。

（3）象征式。与隐喻式相似，象征式是将一个具体事物与另一个事物并列起来，用以展示这一事物的意义，用具体的事物比喻抽象的概念。例如用鲜花比喻欢快的事情等。

四、蒙太奇的构成

蒙太奇构成的基本单位是镜头，若干个镜头构成一个段落和场面，若干个段落和场面构成一部电影，所以，必须了解镜头的种类和作用。

1. 镜头的种类和作用

（1）根据视距的远近（即摄影机与被摄物体之间的距离），可以分为大小不同的景别：远、全、中、近景，特写等。它们的作用是：

①远景：也叫大全景。远景是视距最远的景别。这种景别，可以介绍环境，表现巨大的空间、气氛、规模等。远景给人的感觉好像站在高处远望一样。有时远景也可以起到特写的作用，用来刻画人物的内心情绪。

②全景：全景的画面比远景要小一些，在取景框内大致能容纳站立人的全身。它既可以看到人物的全身运动，又能表现周围部分环境。比较适合介绍环境、表现气氛、展示大幅度的动作，交代人物与环境的关系。在叙事的段落中，全景一般不可缺少，也称为“定位镜头”。

③中景：中景的画面可以显示人物大半身的形体运动，一般摄自人物的膝盖以上部分。能给人物表演以自由的空间，能表现人物间的相互关系，又不与环境混同。因为它不远不近，位置适中，非常适合观众的视觉距离。

图 2-19　全景

图 2-20　中景

④近景：近景是摄取人物腰部以上的画面。这种镜头能使观众看清人物的面部表情，或某些形体动作及物体的细部，在影视广告中经常使用近景。

⑤特写：视距最近的一种镜头，用来突出刻画被摄对象的细节。一般拍摄人物面部或局部。其特点是表现力极为丰富，视觉

图 2-21 近景

冲击力强，给观众有逼近感，有提醒和暗示的作用。在影视广告中大量使用特写镜头。

（2）根据拍摄的方法．可分为固定镜头和运动镜头。固定镜头自不待言。运动镜头通常有：推、拉、摇、移、晃、甩、升降、变焦、特殊等。

①推：是指摄影机位置不动，摄影机的变焦镜头向被摄主体

图 2-22 特写

图 2-23　特写

推进的连续画面。被摄物体的画面状态为逐渐放大，而背景空间缩小，引导观众的注意力倾向于主体。

②拉：与推镜头正好相反，是从局部扩大到整体，被摄物体由大变小，而背景由少变多。在情绪上，它有离开对象、制造悬念的作用。

③摇：摄影机位置不变，只作镜头沿轴线方向转动。包括水平方向的左右摇；沿垂直方向的上下摇；两者结合的复合摇。摇镜头使人产生四周环顾的感觉，其作用在于连续不断地展示环境，扩大空间范围，营造气氛。摇拍时要考虑到镜头的剪接、成像的清晰度及观众的观看习惯等。

④移：摄影机位置的移动，其中有分为摇移和跟移两种。摇移为向左或向右移动，跟移则是向前跟踪移动。移动镜头给人以巡视或流动的感觉。移动镜头可以灵活地进行场面调度，生动地表现空间变化。运动感强，具有流畅性、连续性和完整性。

⑤升降：摄影机的位置做上下升降运动，这样可以把高处、低处的环境或人物连续不断地展现出来。表现空间层次，展现环境与事件的规模。在情绪上也有调整、梳理等作用。

2. 镜头角度

角度是指摄影机在位置上的拍摄方向。摄影机在同一方位上可以拍出若干角度的画面。角度是决定画面构成的主要因素。角度的变化，应取决于创作者的意图，揭示人物的性格，渲染气氛及展示人物和环境的关系。具体可分为以下几种：

（1）常规角度：也称为平角，摄影机设置在与被摄体相当的水平线上，以一般人观察事物的角度来拍摄。这样得到的画面，观众会感到很亲切，但也容易出现平淡的情况。

图 2-24　常观角度

（2）仰角：仰角拍摄就是将摄影机镜头置于视平线以上，从低处仰摄对象，这样出现的画面会给人一种被摄体高大、挺拔、向上的感觉。

（3）俯角：与仰角相反，摄影机镜头置于视平线以下，从高处向低处拍摄。其特点是展示场面的全貌，被摄物体显得渺小，给人以凄凉的感受，常常带有一些贬义。

图 2-25　仰角

图 2-26　俯角

（4）倾斜角。被摄体与视线成一定的角度。改变取景框中的水平位置，可以得到倾斜、惊险和不安的画面。有时也可以利用倾斜角度来构图和拍摄较长的物体。

图 2–27 倾斜角

3. 镜头长度与作用

镜头长度是指从开机到停机所拍摄的画面长度。镜头需要多长，完全取决于内容的需要和观众观赏所需要的时间，同时也要考虑到情绪上的延长、转换或停滞所需的时间。

观众领会镜头的时间，取决于视距的远近（景别的大小）、画面的明暗、动作的快慢、画内造型的复杂程度等。一般来说，景别越大，光线越暗，动作越快，造型越复杂，观众领会的时间就越长。

同样的镜头长度，通过银幕放映的电影要比屏幕播放的电视，观众领会的时间要长一些。这是因为电影银幕大，观赏时所花的相对时间要多的原因。

4. 镜头内部蒙太奇

在同一镜头内，由于摄影机的运动或拍摄对象的运动，使摄影机与被摄物之间发生变化，产生大小不同景别的画面组合在一个镜头内，形成“镜头内部蒙太奇”结构。

镜头内部蒙太奇的运用，有时是出于场景调度的需求，如设计纵深场面调度。有时是出于展示人物与环境的关系。

5. 蒙太奇句子

正如文学作品中有句子一样，蒙太奇句子是由许多个单独的镜头组成。蒙太奇可以表达一个完整的意思。

通常把蒙太奇句子又分为若干种类：前进句、后退句、环形句、切分句等。

6. 镜头调度的轴线规律

在影视场镜的调度中，处理两个或两个以上人物的动作方向及相互之间的交流时，人物中间有一条无形的线，称为“轴线”，它会影响镜头的调度。如违反了轴线规律，观众就很难看懂情节，就会破坏空间的统一感，造成方向性的错误。例如拍摄甲、乙两人谈话，为了表现谈话的过程，切分成若干个镜头，使视轴不至于产生错觉，因此镜头调度一般不可以越过二人中间的轴线。如中景，甲、乙两人谈话； 近景，甲说话；近景，乙说话；近景，甲说话。

镜头的总角度方位设在 A 区，下面的镜头是不能越过 A 区的，如越过，即成为越轴或跳轴的镜头。这样的跳轴镜头将无法与下一个镜头组接；如将两个镜头组接起来，就会出现生硬和不自然的感觉。

在大多数的情况下轴线是不可逾越的，除非在特定的前提下。例如：通过其中一个人的特写镜头过渡；通过大动作，如起身、转身等动作过渡；通过移动镜头，由 A 区移到 B 区；通过俯拍全景过渡；通过人物调度，变化方向，改变轴线；插入空镜头或另一方位镜头人物，造成空间的间隔作用。

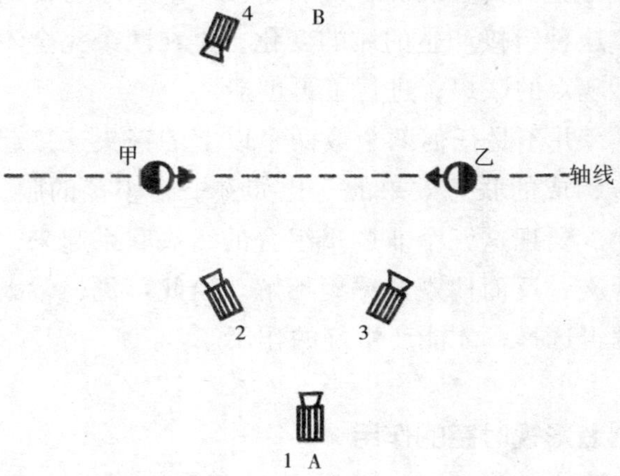

五、蒙太奇的作用

1. 蒙太奇的构成作用

蒙太奇是影视艺术的结构方法，是影视叙事的语言和语法。它可以把多个零散的镜头经过合乎逻辑的组接，构成完整的影视艺术形象，表达创作者的意图。

把两个或者两个以上的镜头，通过组接产生新的意义，这比单个镜头独立存在的意义更丰富、深刻。

前苏联导演库里肖夫曾经做过一个有趣的实验：他把当时著名的男演员莫兹火辛的一张毫无表情的脸的镜头，与一碗汤的镜头、一个男孩做游戏的镜头、一口棺材的镜头分别组接起来，然后请不知情的观众前来观看这三组镜头，让大家评价演员的表演，结果大家得出了不同的结论。

看第一组，即特写——汤——特写，大家觉得莫兹火辛很饿；看第二组，即特写——棺材——特写，大家觉得莫兹火辛很悲伤；看第三组，即特写——小孩——特写，大家觉得莫兹火辛很喜欢那个小孩。

这个有趣的实验说明了镜头组接——顺序与排列所带来的奇妙变化。这种组接产生的质的变化，是在两个完全不同的镜头中间加上了观众的联想，进行了再创造。

当然，并不是任何两个或两个以上的镜头连接起来都可以产生蒙太奇构成的联想效果的。比如：一个小孩的脸；一块石头；一片树叶。要把这三个非逻辑组合的镜头联系起来，不仅不能产生新的含义，反而使观众感到不解。由此可见，蒙太奇的构成必须通过逻辑选择，才能产生好的作用。

2. 创造影视时空的作用

比如这样的场景：一人要从教室到校门外去，他先走出教室，经过走廊，走下楼梯，经过操场，最后走出校门，他无法省去中间任何一个步骤。而作为影视艺术就不是这样了，可以省掉中间一些过程，可以：走出教室——下楼梯——走出校门。就三个镜头足以表达这个意图。中间省去的环节，观众会通过联想和认知经验补充。

这种压缩的时空还会增强审美感。这里出现的时空早已不是现实中的时空，而是通过蒙太奇手法重新创造出来的影视艺术时空。

3. 声画结合的作用

在影视作品中，通过蒙太奇使声音和画面有机结合，使之相映生辉，构成独特的声画合一的艺术形象，再生出新的含义。

这样可以更深刻地揭示主题，刻画人物内心活动，创造深远的意境。关于声画结合，将在“影视广告音响”一章中阐述。

第三章 影视广告创作

第一节 影视广告创作与广告策划

一、影视广告创作的依据

影视广告创作在整个广告营销的过程中，只是具体实施广告活动的一部分。那么，影视广告创作的创作又要用什么作为依据呢？这正如一场大的战役要开战一样，某一个具体的战场仅仅是整个战役的一部分，该怎样打，必须服从整个战略部署。而影视广告创作的依据就是广告策划。

广告策划也称广告战略，是广告人对产品进行周密的市场调查和系统的分析所做出的战略决策，即合理有效地布局广告整体活动的进程。广告策划具有两方面的特征：一是事前的行为；二是全局性。所以，广告策划也可以说是对广告活动所进行的事前和全局性的策划与安排。

广告策划在整个广告活动中处于指导地位，贯穿于广告活动的各个阶段，即市场调查、产品分析、广告目标确定、目标受众确定、广告媒体组合、广告创作、广告发布、效果监测等。

二、广告策划的性质和基本任务

1. 性质

广告策划是为市场营销服务的。广告策划就是要紧紧围绕企业的营销战略目标。而市场营销的各个要素（营销组合），无论是所谓 4P 构成，即 Product（产品）、Price、（价格）、Place（流通）、Promotion（促销）的营销理论，还是新的营销观念 4C，即 Consumer Wants and Needs（消费需求）、Cost（成本）、Convenie-nce（购买的方便性）、Communications（沟通），都要由科学的策划来完成。

2. 任务

广告策划的任务包含七项主要内容。

（1）广告目标。即为什么做广告，要达到什么目的，广告要取得什么效果，宣传对象是谁。

（2）传达内容。即要说什么，明确商品定位、商品特征等。

（3）诉求对象。即对谁说，把哪些人作为目标，为什么要把他们列为目标，这些目标有什么特征。此外，还要与市场占有相结合。

（4）媒体选择。即用什么媒体传达。选择什么样的媒体——是以报纸为中心，还是以电视为中心，或是以户外媒体为中心等。与此同时，还要考虑与促销（SP）或公关配合问题。

（5）时机选择。即什么时候实施。同样的广告方案，在不同的时机投放，会得到不同的效果。利用好时机，可收到事半功倍和“搭车”的效果。

（6）地域选择。即在什么地方实施。一个广告不是放之四海而皆准的，在南方行之有效的，到了北方可能就行不通了。

（7）表现方针。即如何定性、定位。也就是寻求差异化。

三、广告创作在广告策划中的定位

每一个具体的广告作品，不过是冰山一角，而广告策划则是伏在水下看不见的部分。所以，广告创作必须服从于广告策划。

要完成影视广告的创作，就要进行广告策划，要根据广告策划进行创作。没有经过策划的广告，大都是盲目的广告，它们的实际效果往往是不确定的，即使是偶尔产生一点效应，也不过是偶然和不自觉的行为。

第二节 影视广告的创作原则

影视广告创作是开辟通向广告目标之路的综合工程，是连接广告目标与消费者之间的桥梁。

那么，影视广告创作是否有一些创作的原则可循呢？回答是肯定的。通过人们长期的研究与实践，总结了许多行之有效的影视广告创作原则。虽然这些原则不是绝对的灵丹妙药，但总算是有章可循。

早在 19 世纪末、20 世纪初，美国 E.S 普易斯就对广告提出了 4 项原则，简称为“AIDA”法则，即：①Attention（引起注意）；②Interest（产生兴趣）；③Desire（发生欲望）；④Action（促成行动）。

后来一些广告学者又加进一个要素，即 Memory（形成记忆），把这个原则公式变成了“AIDMA”法则。这个公式沿用已久，略显机械，把消费者当成被动的对象，但通过长期的实践运用，证明这一原则还是行之有效的。

国际广告协会为优秀广告也制定了 5 个条件，即“5P”：①Pleasure（给消费者愉悦的感觉）；②Progress（首创、革新）；

③Problem（解决问题）；④Promise（要有承诺）；⑤Potential（要有潜在的推销力）。

此外，国际广告界还提出过成功广告必须具有5个要素，即"5I"：①Idea（明确的想法）；②Immediate Impact（直接的感观现象）；③Interest（生活的趣味）；④Information（完整的信息）；⑤Impulsion（强烈的推动力）。

根据广告创作的普遍规律和影视广告的创作特点，影视广告的创作应具有以下五条原则：

一、冲击力要强

所谓冲击力，就是通过某些强有力的艺术形式来引起人们的高度关注力。

有人比喻说广告是"把马牵到河边并让它饮水"，这就说明了用什么方法来达到目的的问题。我们知道，影视广告是极为短暂的广告形式，几秒钟的时间一闪而过，一开始能否抓住观众的注意力成为一个关键。

从观众的角度看，他们观看电视的目的在于各种电视节目。新闻、体育、文艺等，普遍对电视广告怀有抵触心理。如果电视广告没有冲击力，他们就会熟视无睹。反之，如果电视广告非常抢眼，刺激了他们的神经，便能够引起他们的注意——即使他们在做别的事，也会将他们抓回来看个究竟；即使没有看清楚，通常也会希望下次再看。因此，冲击力是广告被人接受的基础。尤其是在影视广告开始的前三秒钟，是吸引观众的关键。

例如一条跑表的影视广告，一开始就展现了千钧一发的紧张画面：鲨鱼的追赶、楼顶的悬空、雷管的引爆、锋利的刀片……紧扣人的心弦。最后以冷峻的色调展示骑手跃过大楼的楼顶，收紧了观众的心，直到品牌的推出，才使观众松了口气。整个影片的拍摄，也极其讲究，构图奇特而多变；广角镜的使用，夸张了画面的形式；特写镜头的闪现，给人以紧迫感；动效与画面的结合（升格的慢动作与延时的音响），不仅使听觉处于高度紧张状态，而且心理反应也随之强烈。全片使用黑白画面，既体现了艺术魅力，又凸显了产品的性格，使人过目难忘，从而流下深刻的记忆。

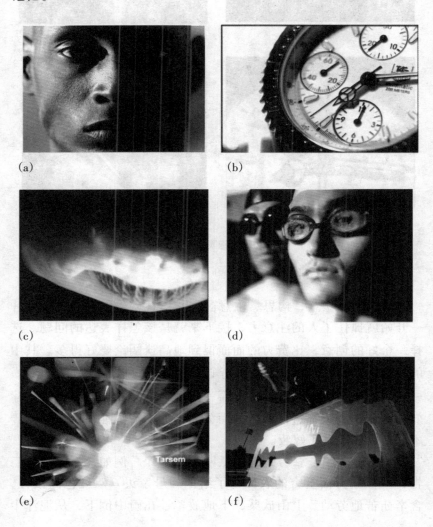

(a)

(b)

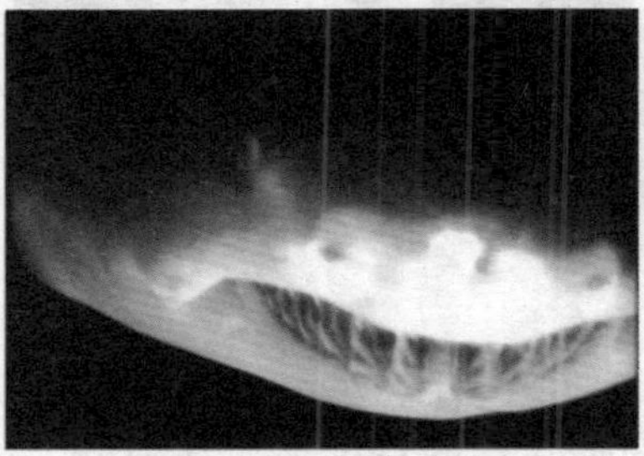
(c)

(d)

(e)

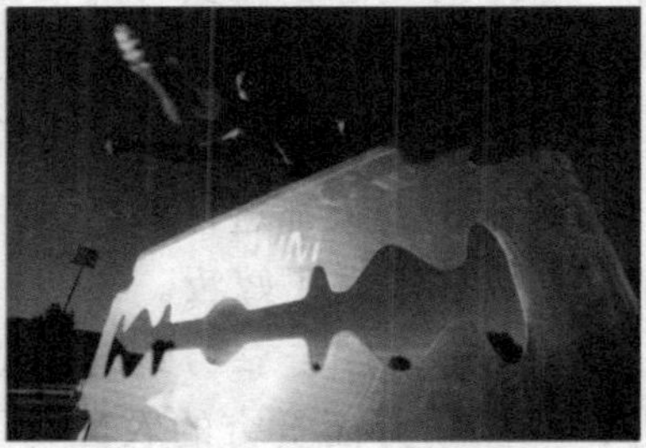
(f)

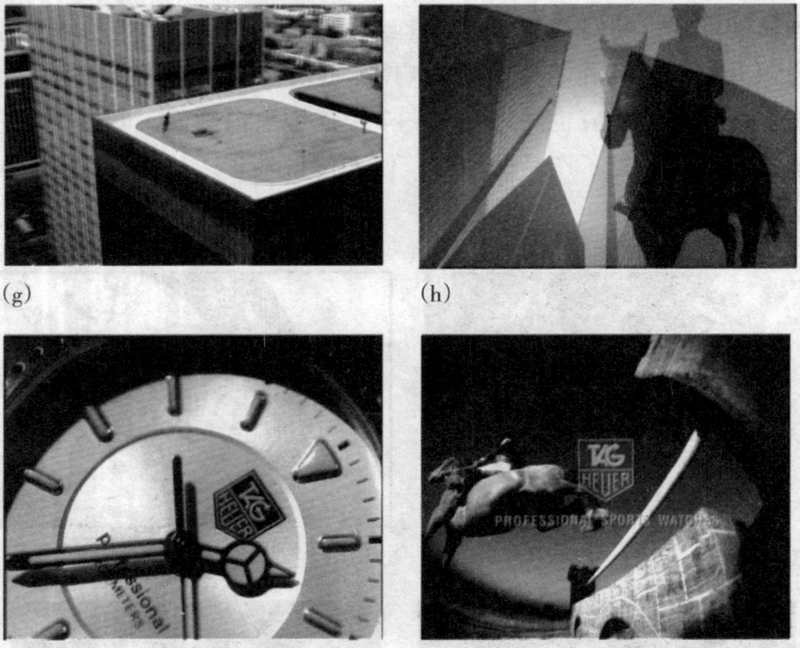

(g) (h) (i) (j)

图 3–1 某跑表的影视广告

二、创意要新奇

创意，即立意、构思、主意。它是影视广告的灵魂。若影片一开始就抓住了人的注意力，接下来就是该怎样表达的问题。选择一个好的创意，比费力的面面俱到地高谈阔论要好得多。其中的奥秘就在于人们普遍都有好奇心，对新奇的东西最感兴趣。

例如，化妆品广告总是千篇一律，不是美女加长发，就是疗效加证明。大家都这样做，久而久之已分不清是谁在做广告，弄不好还为别人做了嫁妆。

好的影视广告靠巧妙的创意四两拨千斤。例如，一条啤酒广告：一位勤劳而贫穷的农民为了给他的母亲买一双红色高跟鞋，含辛茹苦地劳动。上山砍柴，下地放羊，在雨中倒下，从泥泞中爬起……最后攒够了钱，终于买下了那双红色高跟鞋。当看到某品牌的啤酒后，还是经不起啤酒的诱惑，用那双鞋换来了一杯啤酒，其言下之意不言而喻。

(a)

(b)

(c)

(d)

(e)

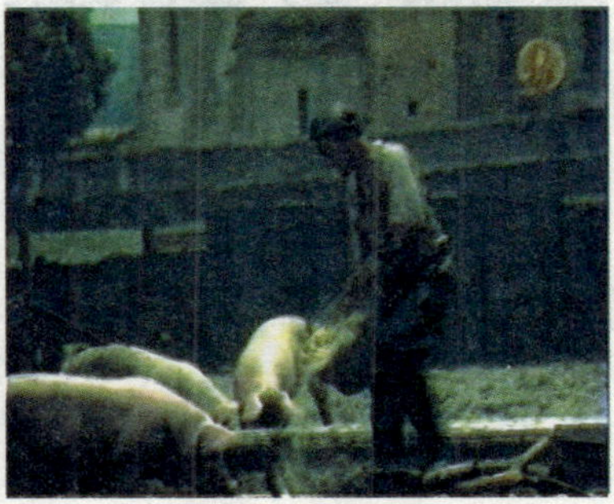

(f)

(g)

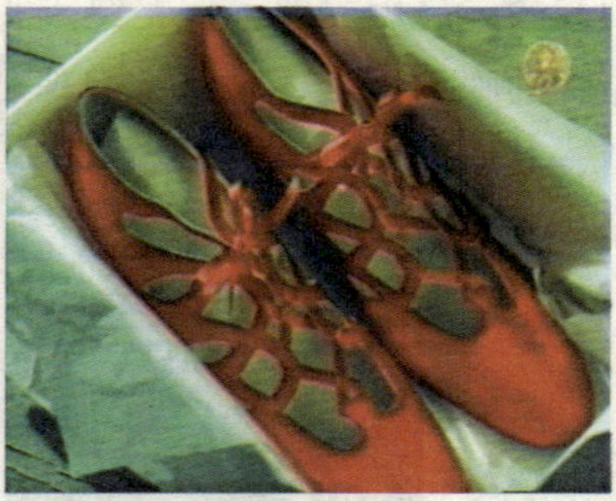

(h)

(i)

(j)

(k)

(l)

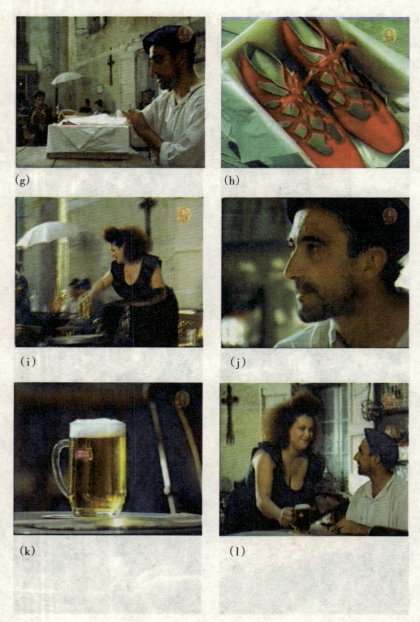

(m)

(n)

图 3-2 某啤酒的影视广告

三、兴趣感要浓

兴趣也就是趣味，是留住观众的“兴奋剂”。兴趣是人类普遍存在的一种心理特点，是影响人们行为的原动力之一。尤其是在当今快节奏的时代，人们劳累了一天，打开电视大多是为了消除疲劳，寻找轻松和乐趣。如果在影视广告中寻找到与之吻合的兴奋点，兴趣就成为成功的桥梁。

例如，SONY 音响的一条影视广告，就成功地运用了这一法宝：天空中的直升机群，地面街道匆忙的人群，紧张的节奏，炫目的旋翼，唯有打开 SONY 音响，曼妙的音乐回味无穷。画面气势宏大而妙趣横生，反复出现的 LOGO 在提示主题，结尾处绚丽的云彩，好似在真实与梦幻之间，兴趣，为 SONY 音响创造了共鸣！

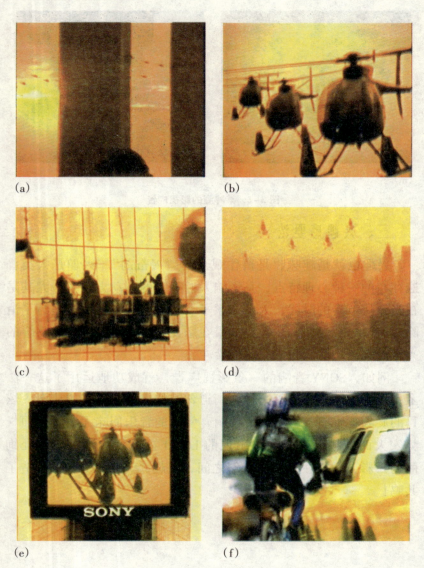

(a)

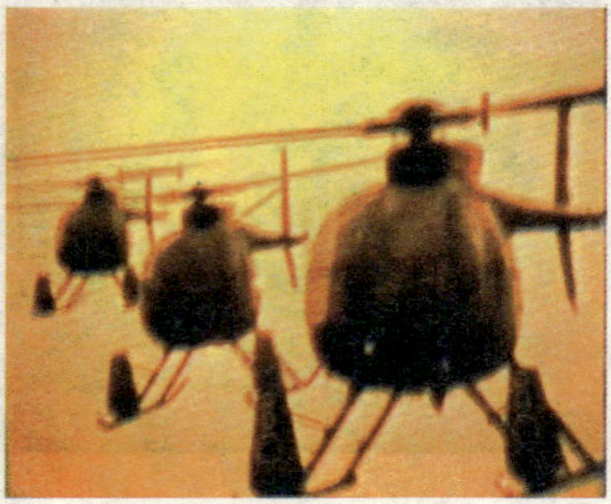

(b)

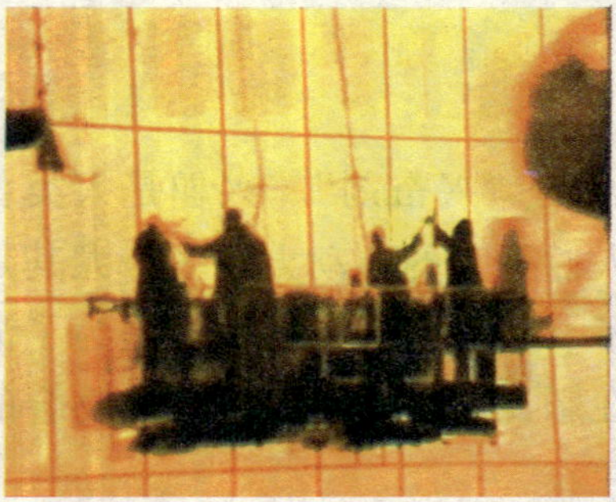

(c)

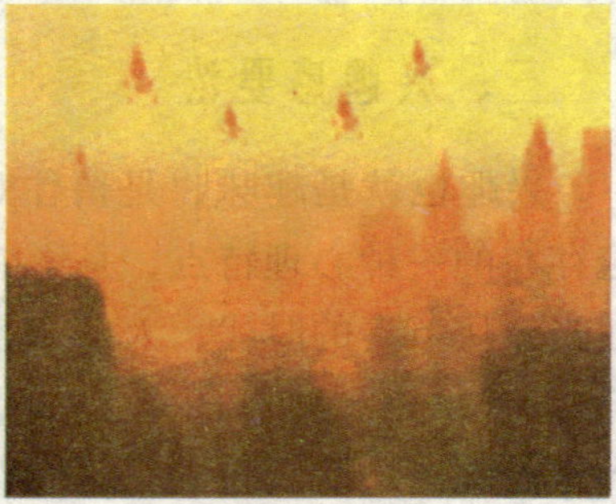

(d)

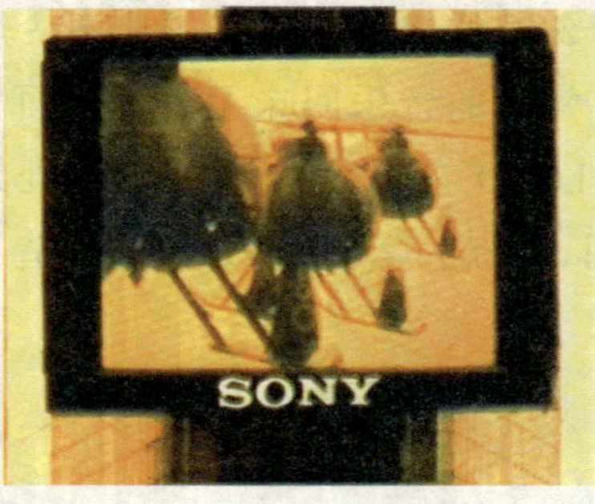

(e)

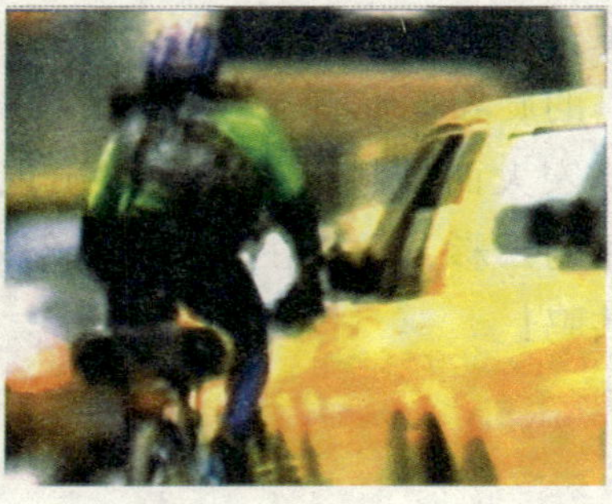

(f)

(g) (h)

图 3-3 SONY 音响的影视广告

四、诉求要单一

任何一个产品都可以找出许多的好处和购买它的理由，但在影视广告的传播中，通常只有“致命一击”最为重要。一方面，在传播信息的过程中，诉求得越多，杂音也就越多，信息衰减和模糊程度就越大；另一方面，影视广告的传播都是以秒为单位来计算，短时间内能将一个问题说清楚，让人记住已经不易。所以，好的影视广告所含信息量可以大，但诉求一定要单一。

让我们看一条宝马车的影视广告吧！广告的创意主要想体现汽车的安全性，巧妙地用婴儿头撞母亲的乳房，来比喻宝马车的安全气囊的优越性。该广告以小见大，以少胜多，单一而不单调，准确、形象地传达了大量的信息。

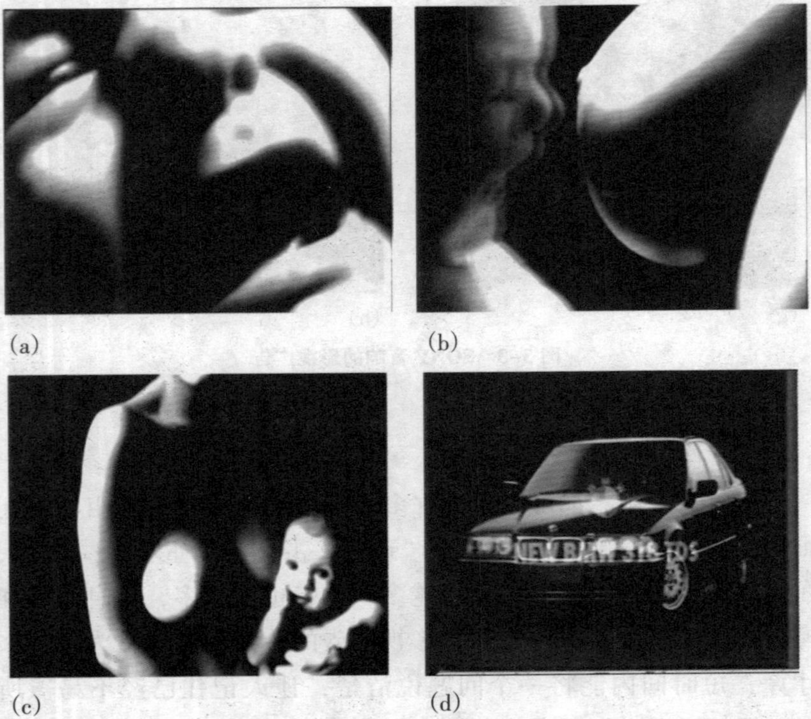

图 3-4　宝马车的影视广告

五、感染力要深

广告的感染力，是加深接受对象认可程度和唤起行动的能力。这是影视广告综合性和长远性传播的集中体现。

例如下面这条影视广告，几张父子情深的照片，一个生命轮回的演绎，撞击人类心灵，震撼世人肺腑，彰显了影视广告对人类心灵深处强大的感染力。

年轻的父亲怀抱爱子，乐在其中的合影；孩子迈开了人生第一步，父亲开心地笑了；小宝贝变成了调皮鬼，父亲还是乐在心里；调皮鬼成了英俊少年，父亲的内心可想而知；英俊少年长成了帅小伙，父亲却显得有点“发福”了；儿子长大成人，有点像当年怀抱爱子的父亲，而父亲早已老态龙钟；最后，照片中只剩下儿子……

(a)

(b)

(c)

(d)

(e)

(f)

(g)

(h)

图 3–5　一条关于父子感情的影视广告

再如另一条影视广告。清晨，小镇的一角，肮脏的丑汉从胖妓女身边起来，衣冠不整地走出房门。他抢过小女孩的糖果，踢飞小狗；小镇另一角，健壮英俊的牛仔穿戴整齐，与美丽的妻子道别，他搀扶老人过马路，助人为乐。当牛仔与丑汉相遇时，一场生死决斗不可避免。只见牛仔一身正气，观众相信胜利一定属于他。一声枪响，应声倒地的却是那个英俊的牛仔。片尾语："为了成功的准则。"这就是获得戛纳广告金奖的"迪赛尔"的影视广告作品。迪赛尔在告诉人们：成功的生活没有什么固定的准则，表面化和程式化的"成功"并不是真正的成功。创意足见其感染力之深。

第三节　影视广告的主题

一、主题的概念

影视广告的主题既是影视广告所要传达的基本观念，也是广告"要说什么"。它将影视广告中各个要素有机和谐地组合成一个完整的广告作品，是影视广告的重点之所在。

美国广告专家戴佛对影视广告主题所下的定义是："所谓主题，是可以作为基本或中心的创意，以此创意为中心，组织电视广告的素材。"

二、主题的意义

影视广告有了主题，就不会偏离中心与线索，就会有的放矢地传达广告信息。

主题是连贯整个影视广告的支柱。只有先确定了影视广告的主题，其他所有表现形式才会有基础。如果说影视广告的各种表现形式是项链上的珍珠的话，那么，主题就是穿在中间的线。是主题确定了影视广告的方向与定位。

三、主题的产生与形成

1. 主题的产生

影视广告的主题产生，通常不是影视广告创作人员自己决定的，而是在整体广告策划中形成的。这当中既包括广告主的营销计划，也融进了专业广告代理机构的策划，还加入了影视广告制作人员的执行意见。

影视广告主题的制定越来越科学化和具体化，总结了许多行之有效的经验和方法。根据市场的调查、试验和检验，最后才会付诸实施。

例如：美国雀巢咖啡的影视广告最初制定的是"一快二方便"的销售主题，其结果并没有讨好消费者，因为在当时美国社会人们倡导的是勤劳，这种快速冲制的饮料被认为是不会持家的象征。后来改换为"味道好极了！"影视广告一经推出便收到了极好的效果，很快打开了市场。

从这类例证，我们可以看出，影视广告主题的产生，一是源于广告对象的定位，二是源于对产品的客观检验。只有把调研工作做到家，将产品、企业、市场、消费者这四个方面研究透了，才能找到广告的真正主题，再借助创作人员的奇思妙想，创造出有效的影视广告。

下面这条灯泡影视广告，就是围绕灯与光的关系，以“光影对话”为主题的创意。该作品小中见大，举重若轻，内容与形式关联统一，在平凡中透射出非凡。

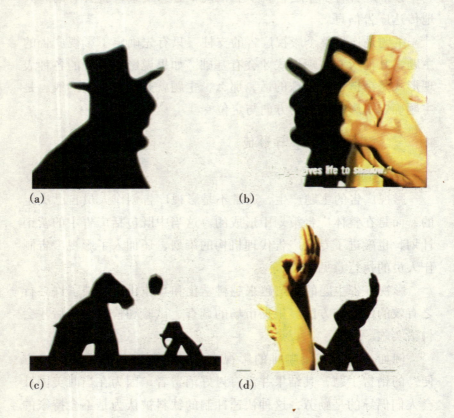

(a)

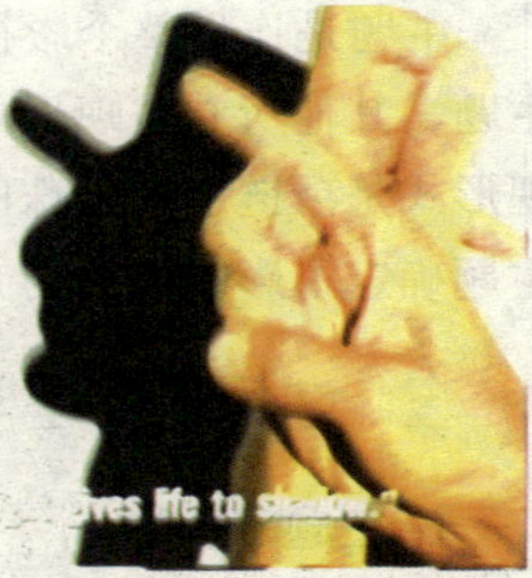
(b)

(c)

(d)

图 3-6　某灯泡的影视广告

2. 主题的形成

主题的形成，主要表现在创作者对广告目标、信息特点和消费者心理这三个方面的提炼。

广告目标。是根据企业的营销计划，经过广告策划后制定出来的。影视广告就是为实现这个计划而服务的。所以，在研究广告目标的同时，要结合企业的营销计划，做到整合营销。

信息特点。是指广告内容所传达的商品或服务及企业形象等特点。在产品或服务趋于同质化的时期，差异化便成为关注的焦点。因此，信息特点便形成主题，又称为特色因素。

消费者心理。是指消费者的心理需求。消费者的消费行为不会因为广告而改变的，而是按照他们特有的消费习惯而行动的。要想改变消费习惯，是一件极为艰难的事，常常要付出极大的代价。与其改变不如顺应，这才是广告的明智之举。

比如，中国嘉陵摩托的企业形象电视广告，其广告主题就是这样形成的。当时全国同行业市场处于上升状态，各个厂家你追我赶，其主要注意力集中在产品广告上。业内人士都明白，在产品质量、型号、价格等方面大同小异。多数是引进国外的技术，自主知识产权的成分少。而摩托车是属于耐用消费品，售后服务、企业的实力、信誉将是最大的关键。

根据企业的营销计划——进攻全国市场，铺设全国的维修站，提高国产化率，年内占领相当的市场份额等。主创人员推出当时全国少有的企业形象电视广告。形成了以“展示企业实力和气势”为里，以“大地艺术”为表的影视广告主题。通过在深圳、重庆、北京、腾格里沙漠四地的“大地艺术”拍摄，制作了气势磅礴的企业形象电视广告片，在央视黄金时段播出。

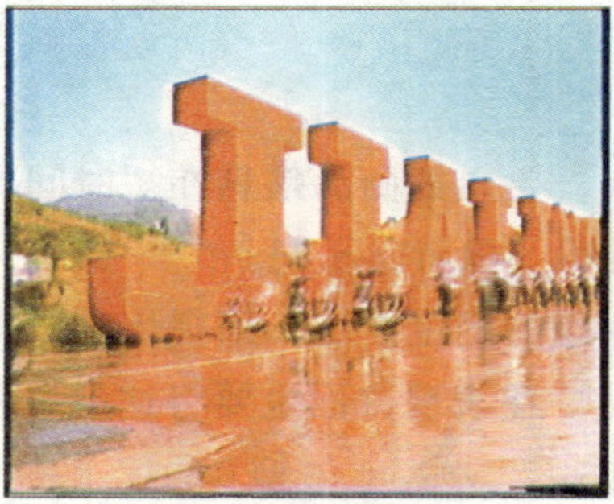

(a)

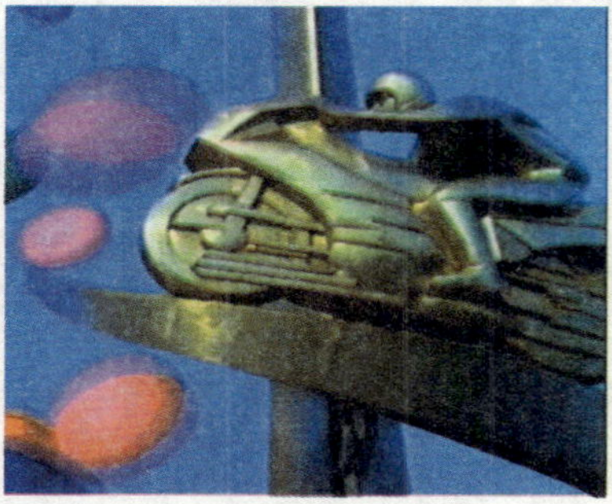

(b)

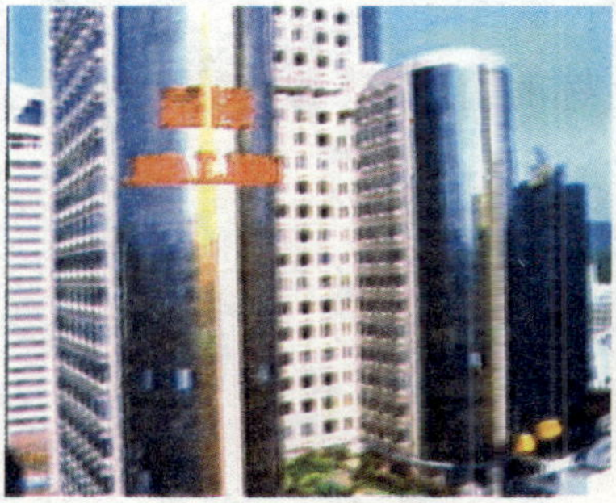

(c)

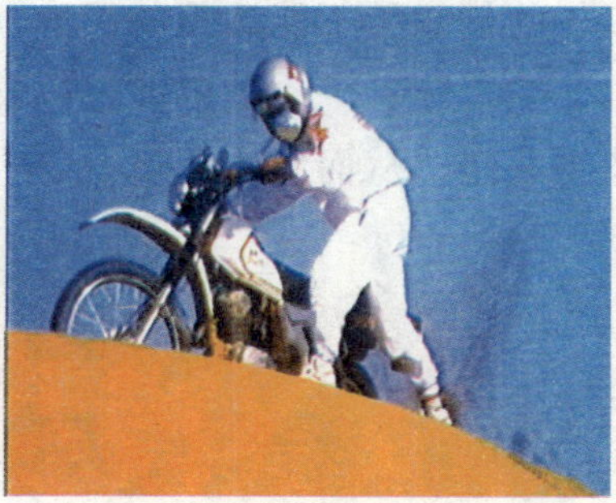

(d)

(e)

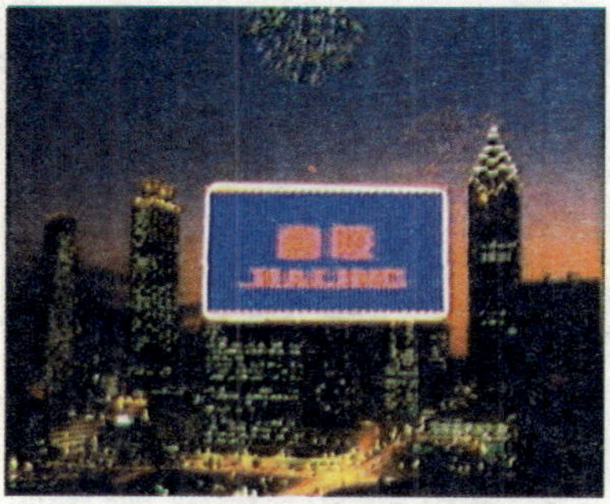

(f)

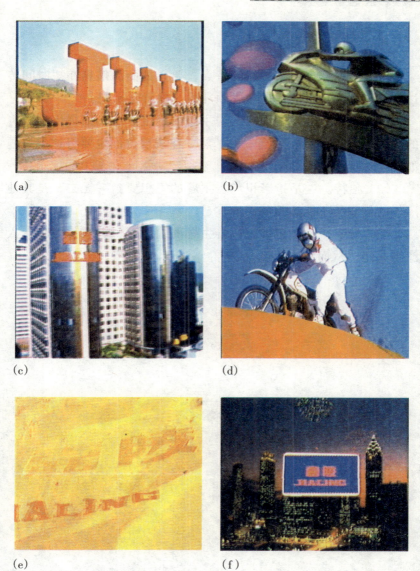

图 3–7 中国嘉陵摩托的企业形象电视广告

四、广告主题的要求

根据影视广告瞬间传达的特点，要想把商品信息在短时间传达到位，影视广告的主题就必须准确、独特、易记。

（1）准确。这是指影视广告主题的定位要准，即提炼出广告的确切的卖点，主张什么一目了然。在表现方面也要将这一主题如实传达出来。

（2）独特。这是指影视广告主题的思想要独一无二，是其他广告的创意所不能比拟的。

（3）易记。这是指影视广告主题的信息单一诉求，容易让人产生联想，从而便于记忆。

第四章　影视广告创意

第一节　创意的概念与特点

一、何谓创意

创意，在英文中叫 Creation，它是广告活动的专有词语。按照中文的解释，创意就是新意。对创意的理解有广义和狭义之分。广义的创意泛指一切带有创造性的、与众不同的认知与想法。广告创意，则是一种狭义的概念，它是特指在广告活动中，为实现广告策划中广告主题视觉化的“点子”，在实际操作中称为创意。

创意在现代广告活动中是广告创作的核心与灵魂。因为广告创意虽然是根据广告策划的想法进行创作，但想法不等于创意。广告创意是从想法而来，通过艺术化的构思创造出新的艺术视点，形象化的传达广告策划的想法。广告创意的好坏不仅是艺术问题，更重要的是看它能否准确传达到位，看它有没有达到广告预定的目标。

二、影视广告创意的特点

影视广告创意是科学性与艺术性的结合，影视广告创意有以下特性：

1. 创意的科学性

影视广告创意的科学性首先表现在它的真实性与技术性。真实性是广告创意的信息来源。体现在运用科学的市场调研方法，定量化与定性化的数据指标，严密的广告策划。制定出行之有效的广告计划，寻找出目标消费者，确立广告战略和广告主题。

其次，影视广告创意的科学性还表现在实现广告目标的技术支持。一条影视广告的实施，往往要动用许多人力物力，要有许多硬件设备做后盾。怎样发挥这些先进设备的作用，使之与创意有机结合，就存在一整套的科学知识。

再次，影视广告创意的科学性还体现在广告创意的现实性。影视广告一旦推出就面临许多考验，会不会受到媒体条件、市场环境、时机、竞争者等多方面的制约。若能扬长避短，就会极大地保证创意的有效进行。

2. 影视广告创意的艺术性

影视广告创意的艺术性是指用艺术的手段创造广告形象。影视广告主要靠艺术的形象来传递信息和打动受众，而不是抽象的说教。在影视广告中，形象主要是指产品或企业，也称“产品形象”或“企业形象”。再好的产品（内容）都要靠形象（形式）来表现。从某种意义上讲，形象来自内容，而形象又大于内容。

影视广告创意的艺术形象具有倾向性和真实性相结合的特征。倾向性，即广告创作者赋予一定的态度与观点。这里的真实性，是指塑造的产品或企业形象必须是建立在真实的基础之上。它是艺术的，也是真实可信的，是活生生的、有生命力的形象。

第二节　影视广告创意的基础与原则

一、影视广告创意的基础

影视广告创意的基础，从纵向看是创作者对市场调查与预测、消费者需求和产品的特殊认知。从横向看还涉及社会经济发展、消费水平的程度及消费潮流的导向等。

影视广告创意的基础还应是建立在相关量化指标之上。包括直接、间接资料的获取，度量标准的考量，调查方式（问卷、现场、抽样等）的设计、管理，数据处理和分析，市场预测与SWOT分析等。

此外，还牵涉最为现实的因素——企业的价值取向。因此影视广告创意基于多方面的知识、敏锐的洞察力和娴熟的执行力之上，影视广告创意的基础应具有以下特征。

（1）把广告客户想传达的有关商品信息，有效地传达给消费者。

（2）在有限的广告篇幅或时间内，把准确的信息表达成易于理解的形式，促成广告客户和消费者之间的双向信息交流。

（3）广告的结果，是如何促使消费者对商品内容感兴趣，从而购买，或使消费者理解广告客户在信息中想要传递的意图。

换句话说，广告创意是为客户所做的工作，必须使广告接受方即广大消费者也能得到满足。这是因为，如果广告客户通过广告单方面推销某一创意，硬性灌输信息，那就不能与消费者沟通。除非是双方满意的创意，否则广告创意就缺乏基础而不能发挥其作用。

二、影视广告创意的原则

1. 立足真实

影视广告创意的本质就是真实。只有建立在这个基础之上的创意才使人信服，才能获得长远的成功。

2. 感染力强

采用一切独特而有效的艺术手段，使得影视广告创意打动人心，让人动心，最后导致行动。做到意在言外，动之以情；意料之外，情理之中。

3. 有的放矢

这是广告所遵守的基本原则。不是为了创意而创意，而是要做有用的创意，根据不同的情况，创作不同的影视广告。

4. 单一诉求

现代社会已是信息爆炸时代，消费者每天接受到的广告信息不计其数，只有单纯、简洁的信息才便于识别、记忆。

5. 系列传达

为了达到广告目的，加强传达力度，形成系列广告，可以充分发挥影视广告的特长。因为个别传达不能形成规模和长期效应，系列传达既有面的展开，也有点的深入，还有线的延伸，容易在消费者心目中留下深刻的印象。

系列传达一个典型的案例是 1990 年麦卡恩·埃里克森环球广告公司纽约分部为雀巢咖啡创作的系列影视广告故事片。该片讲的是一对青年男女离奇的恋爱故事：第一部，女孩偶然敲开男士的门，要借一点咖啡，两人因此相识；第二部，女孩还咖啡的系列情景；第三部，俩人在家中聊天，边喝咖啡边接吻……如此浪漫的爱情故事接下来会怎样？这个故事直到 1992 年第五部电视广告继续制造悬念，闯进另一个男士。吊人胃口的故事又讲到 1993 年。只要观众感兴趣，这个故事型影视广告将永远讲下去。

再如，日清杯面《原始人》系列影视广告片。围绕一个主题——“饿了吗？”以原始人为形象，用一系列广告短片来进行广告表达，这样的好处是既新鲜又万变不离其宗。

图 4-1　日清杯面的影视广告

第三节 影视广告创意的来源与过程

一、影视广告创意的来源

神奇的影视广告创意从何而来，是来自对专业知识的精深研究，还是来源生活中点点的火花，这是一个值得探讨的问题。

应该说这两者是密不可分的。只有专业知识的精深研究，没有生活中点点的火花，创意就缺乏生命力；反之，就没有高度与必然性。创意确实是一件充满神奇的事，有时可以说是唾手可得，而有时又难觅行踪。那么，能否寻找到创意的源头或规律呢，我们应从以下几个方面进行研究。

1. 彻底了解市场、企业、产品、消费者

只有通过对市场、企业、产品、消费者这四个基本环节进行深入研究，掌握创意所需信息，才会产生创意或“点子”。要做到这些，广告创意人员要付出艰辛的劳动，亲自到现实中去观察，获取大量的实感，占有丰富具体的信息，从中得到启发。你走得多，看得多，听得多，想得多，那么，就会发现别人未曾发现的东西，创意产生的可能性就会多。有人说：“创意是用‘脚’想出来的。”这就说明广告创意要“勤劳”，大到成千上万的数据，小到一块色彩的微妙变化，都应该“收尽奇峰打草稿”。

2. 明确广告定位

一个广告创意并不是放之四海而皆准，精准的定位可以“顺藤摸瓜”，找到影视广告创意的突破口和源头。这个创意应从什么角度表达，应该确定什么基调，不应该做什么，等等。

3. 对媒体语言的研究

影视广告的创意，当然离不开电影和电视，视听语言的画面、声音、时间等要素都要心中有数。

例如，一条橙汁影视广告，它没有任何动人的故事情节，而创意点主要是运用三维动画的“魔变”，将一个新鲜的橙子变化为一瓶诱人的橙汁，这种“吊胃口”的感观刺激，给人以赏心悦目的感觉，再加上广告词：“如此新鲜，如此柔和”，充分利用人们的“同感”效应，生动体现了创意的特色。

4. 生活积累

就像艺术源于生活而高于生活一样，影视广告的创意也不例外。只有生活才是创意不干涸的源泉。一个优秀的影视广告创意人员，首先是热爱生活、关心社会、有好奇心、喜欢琢磨的人；还应该是一个“杂家”式的复合型人才，大量涉猎自然科学和社会科学知识，要讲“功夫在诗外”。炼就有如剧作家的辞令，艺术家的眼光，导演的品味，心理学家的洞悉人心，音乐家的想象及推销员的说服力……有了这些丰富的“库存”，在发掘影视广告的创意时就可能“眉头一皱，计上心来”，在大脑中撞击出更多的火花。

下面这条麦当劳电视广告，就是通过对生活的深入观察，高度的提炼和精准的定位，把麦当劳国际化的产品与文化，与中国本土化的认知巧妙结合，从而产生共鸣：前门城楼、筒子河、天坛、胡同；恋爱中的青年、过生日的小朋友、全家的团聚……这一幕幕鲜活的画面，原本就是现实生活的原形，通过艺术的提炼、放大，唤起人们的知觉与情感。这些人物形象则就是其产品的主要消费对象，在貌似朴实无华的片段中拉近了消费者与产品的距离，使他们大有角色互换之感，不仅消费产品，而且消费一种既新鲜又熟悉的文化。

在画面表现上，没有忘记反复出现麦当劳固有的符号：那个具有双拱门“穿云破雾”功效的黄色 “M”字母；象征热情与食欲的红色；表达清洁卫生的白色；将三者组合所产生的“第四元素”的周到服务与价值提升。这正是企业的“QSCV”（质量、服务、清洁、价值）理念的外化体现，大有“润物细无声”之妙趣与境界。

(a)

(b)

(c)

(d)

(e)

(f)

(g)

(h)

(i)

(j)

图 4-2 麦当劳电视广告

二、影视广告创意的过程

影视广告创意的过程是创作人员根据广告主题和目标，经过一番精心策划和思考，然后运用艺术的手段，把掌握的材料创造成形象的思维过程。通常创意需要经历四个阶段：

第一阶段，收集原始资料阶段。这个阶段是一个重要又烦琐的阶段，许多工作是零散的，需要耐心地寻找。一般来讲，资料分为两种，一是有关广告商品的特定资料；另一种是与生活知识相关的资料，包括平时日积月累的一般生活常识等，即创作人员个人所具备的知识与智慧。

第二阶段，反复锤炼阶段。这时应对有关资料进行综合分析，反复思考。经过深入的研究以后，大脑会受到强烈的刺激，自然地就会做出许多反应。如果这时稍稍放松一下，这就像消化过程的化学作用一样，把意识转向任何能刺激你想象力及情绪上。正如大卫·奥格伟所说："你的脑袋有意识地塞满情报，然后放松你理解思考的过程，为了这一点你可以去散步，洗个热水澡，或者喝一杯红葡萄酒，以求逆向思路。"

第三阶段，创意闪现阶段。这时你可能不期然而然，有时真的感觉天上掉下了馅饼，在不经意之中突发奇想是常有的事，这就是创意的火花。

第四阶段，创意形成阶段。创意诞生后，往往是零散的，粗糙的和混乱的。这就需要耐心地修正、打磨与梳理，不断完善。并尽可能地向有关人员倾述，使其不至于"过火"或"欠火候"，最终完成创意并导入实际运用。

当然，创意的确是一个复杂而奇妙的过程。有规律可循而无公式可取，有时是"有心栽花花不开，无意插柳柳成荫"；有时是循序渐进；有时则是几个阶段合二而一。创意的过程就是这样：你从未看见变化，但又时刻都在发生！

第四节 影视广告创意的思维方式

影视广告创意的方式是没有规则的，也不存在什么“绝招”可言，找不到一劳永逸的方法。只要不违背广告策划的目标，尽可大胆想象，创造性的运用思维能力，严密地对事物进行逻辑分析。与此同时，还必须充分发挥丰富的想象力与悟性，并有意识地培养这些素质。在长期的广告实践中，就会自然地探索出影视广告创意的思维方式。目前，国内外影视广告创意的思维方式大致有以下几种：

1. 集体思考法

这种方法是通过集思广益的创意方法。此法是数十年前美国BBDO广告公司副经理奥斯本提出来的，自实行以来取得了显著成效。这种方法也叫“动脑筋会议”或“头脑风暴”。

按照集体思考法，每个到会的人员都要开动脑筋，鼓励每个人无拘无束地大胆发言，提出自己的意见，相互启发和补充，从而产生新的创意。然后，把这些创意全都记录下来。

值得注意的是，采用这种创意方式，首先要禁止批评，对每个成员提出的创意，无论好坏都不能进行批评，有什么看法会后再说，以免影响情绪。其次，创意的数量越多越好，尽可能让每个人畅所欲言，毫无顾忌地发表自己的各种看法。再次，对创意的质量不加以评论和限制，即使认为是不可执行的，也要让人把话说出来，这样会对别人有启发作用，对产生新的创意有好处。在“动脑筋会议”上形成的创意并不是最终创意。

2. 水平思考法

我们平时思考问题的方法通常是逻辑的思考法，即按照一定的思考路线和惯性进行。在一个固定的范围内，向上向下垂直思考，这种思考方法叫做垂直思考法。

采取垂直思考法进行影视广告创意，多是依靠以前的知识与经验，因此，往往会产生雷同的效果。为了避免这种现象出现，广告界开始重视英国心理学家爱德华·戴勃诺博士提出的水平思考法。其原则是找出占主导地位的观念，多方位思考，寻求各种不同的新见解，以摆脱旧意识、旧经验的约束，从而抓住偶然一闪的构思。

水平思考法有以下 5 个特点：

(1) 以各种不同的角度观察和掌握所给的课题；

(2) 以相逆的角度来观察、分析事物；

(3) 考虑一事物与其他事物的关系，进行相互比较；

(4) 若一事物与其他组合或分解之后，看各有什么样的结果？

(5) 一个创意通过联想加以深化后，可从复数项构思中挑选几项，再加以斟酌、发展和修改。

第五节 影视广告创意的指导

一、经验的总结

影视广告的创意怎样才能取得最佳效果，是否能达到广告目标，怎样运用想象力和表现力，除了理论上的探索之外，不断实践，不断总结尤为重要。为此，现将前人创意的经验之谈摘录于后，看他山之石如何攻玉。

（1）收集你所能收集的关于产品或服务的资料，不要忽视竞争对手和顾客，使你自己确信你在干什么？你要接触谁？

（2）针对你主要的创意点，分析出它主要和次要部分，注意对形成广告创意最强、最刺激的地方。

（3）你的创意必须与消费者的需求、想法有关，除了运用你的想象力和创造力之外，还要讲究品味并仔细斟酌，要恰如其分。

（4）节目播放的时间很重要，在这个时间里要迅速抓住并保持观众的注意力。

（5）你的广告公式、结构和风格，与其他广告不同，这样才有竞争力。

（6）当你在发展广告诸因素时，不停地检验是否偏离广告策划及推销对象。

（7）影视广告是视听传媒，视觉导向应占所发出信息量的一半，图像和声音哪个在先，有赖于你的创意。这两种都试一试，把文字图像化，或相反。

（8）不要让你的广告塞满图像或过多的动作，还要避免长时间的静止画面。

（9）不要指望创意一次就能定稿，实际上需要一次又一次的修改。一旦你对广告词或创意满意时，可扮演一个最挑剔的人，用客观的眼光来看待你的创意。

（10）用交谈的方式写作。以自然的方式来写你的作品，避免做作和圆滑。试图与你不了解的人说话。就像莎士比亚所说：“让语言与行动一致”——广告的情绪与产品的性格一致。

（11）识别你的产品。绝大多数的广告收效甚微的一个主要原因，是商标名称没有被观众记住。人们通常能记住一些动作，有时是产品的类型。如果你不用特殊的点子来讲产品的名字，它不会在观众的头脑中留下印象。

（12）给你的广告定时。大声地朗读，把它演讲出来，看你的广告词是否与广告时间吻合。

(13) 把广告信息当新闻处理。如果是新产品或有新特征，就让你的广告有一种新闻发布的味道，电视观众就像读者一样，会欣赏并对新的东西感兴趣。

(14) 集中精力写，而不是画。描绘漂亮的情节不能代替一个好的销售创意。

(15) 让影视广告制片人自由地发挥。创意只是蓝图，发挥会有再创造。

二、广告大师的观点

广告大师奥格威通过长期的实践，写下了许多如何产生、具有销售力的广告创意的心得：

1. 创意目标

最重要的是决定。我们发现广告对销售的影响，主要是在于决定：你该如何为产品定位，广告活动的结果取决于商品如何定位。一旦决定以后，广告创意才能开始。

大承诺。你该对顾客承诺什么，一个承诺不是宣言，不是主题，更不是口号，它是提供给消费者的利益点。

抓住视线。我们发现广告片一开始就引人入胜，较之静悄悄的片头，能吸引更多的观众、消费者。

不要以为广告是购买行为的唯一要素，广告不过是提起购买欲望而已。

所有的广告，必须对消费者付出的时间与注目，提供某种报酬、消息、利益或服务。

2. 创意态度

绝对不要制作不愿让自己太太、儿子看的广告。

消费者不是“脓包”，你的太太、儿子就是消费者，你不能有侮辱他们良知的地方。

广告推销术，不是抚慰，不是纯粹美术，不是文学，不是自我陶醉，不要热衷于奖赏。推销是真刀真枪的工作。

广告不是一种娱乐或艺术，它是资讯的传播媒体。

绝对不要忘记——你是在花广告主的钞票，不要埋怨广告创作的艰难，广告是生产成本。

不要随便攻击其他的电视广告，不要打落鸟巢，不要让船触礁，不要杀鸡取卵。

我们的目的是销售，否则便不是做广告。

3. 创意方法

我认为，我的文案几乎全部从调查研究中得来而非个人的主观愿望。

我惯于应用别人智慧的成就。

我所做的就是把我的东西写出来，然后改编、再改编，一直改编到合理的通过。

广告创意文案“要写得像私人话”，而且是热心并容易记的，像是宴会上对着邻座人的谈话似的。

展开新的广告活动之前，必须研究商品，调查以前的广告，研究竞争者的商品广告。

4. 创意技巧

说什么比如何说更重要，所求内容比所求技巧更重要。

你如果很幸运地创造了成功的广告，你就要重复地把它实施。任何伟大的广告，不曾因反复过多而失真。任何伟大的活动，总是历久而不衰。

商品名称一定要一目了然。许多广告在识别商品名称上所做的努力还不够充分。

广告必须紧凑而不失时效，消费者都渴望比你年轻。

品牌形象。每一个广告片，都应该对塑造品牌整体形象有贡献。

避免在电视上说话太多，应让画面说故事。你所演的内容较之你说的话，前者更重要。

以事实作根据的广告片，较之情感诉求，显得特别有效。然而我们也创造过许多非常成功的感情式广告片。

一般而言，读标题的人较之读内容的人高出五倍。所以，如果你的标题中不提及产品，你就已经浪费了80%的广告费。

第五章 影视广告创意的表现

第一节 表现与创意的关系

影视广告创意的表现与创意是相辅相成的关系，也可以说是形式与内容的关系。在创作原理上，形式为内容服务，而形式要远大于内容。通常可分为两个阶段。

第一阶段：创意的产生阶段。它是对产品或服务或企业形象形成新的概念、新的想法和新的形象的创造阶段。

第二阶段：是创意的表现阶段，也就是广告执行阶段。这一阶段的任务就是从根本上解决传达形象的问题。

事实上，一个好的广告创意如果没有好的表现，它不一定获得成功；而一个出色的表现却往往给创意增色千倍。这就是业内人士常说的“没有不好的创意，只有不好的导演”。

既然创意最终有赖于表现，那么，怎样才能保证所表现的创意在市场上产生好的效应呢，通常从以下几方面着手：

（1）广告创意必须与广告策划相吻合。这就从根本上保证了广告实施与整个战略的一致性，从而使广告保持沿着既定的方向发展，而不偏离主线。

（2）创意的表现必须具有极大的吸引力。从一开始就抓住观众的注意力，给人们猛然一惊的感觉，在大脑中留下深刻的印象。

（3）必须从消费者的关心点出发。也就是设身处地地从一个消费者的角度，去体验他们的心声。这样，他们在看广告时，会感到这正是他们想要的东西。

(4) 广告必须表现清晰，引人入胜，使人信服。即一目了然、简明扼要，不拖泥带水或过于含蓄，以增强影视广告的说服力。

第二节 影视广告的表现类型

一、故事型

在影视广告表现类型中，故事型较为常见，实践证明这是一种较为有效的一种。因为人们通常对故事感兴趣，接受起来比较容易，如果这个故事又有强烈的吸引力，人们就会对广告感兴趣。因此，故事的结构一定要有选择性，要用生活中最有代表性而又与产品密切相连的情节，使故事产生吸引力，以维持高潮不断。如果这个故事是喜剧，则可使观众对广告产生满足感。

故事型广告的设计要注重每个细节，故事的每个步骤，一定要前后衔接。可以人为的、恰如其分地制造高潮，但过分的渲染高潮又会起反作用，破坏原来的铺垫和效果，失去推销机会。故事型结构也可用于“解决问题”式，还可以用于别的形式中。

根据广告内容的不同，也可以与幽默方式结合，这样，既有情节又有笑料，观众接受起来倍感轻松，从而对广告产生好感。使用故事型广告，要注意以下事项：

(1) 剧情要简单明了；

(2) 根据可信的事实或可信的环境，与产品有机地结合起来；

(3) 创造特殊的视觉效果，激发观众的好奇心，设法引起兴趣；

(4) 把产品最突出的优点表现出来，而不是所有的优点；

(5) 与一般的剧情一样，影视广告的故事结构一定也要一个引子、高潮、结尾，要会讲故事；

（6）向谁承诺，承诺什么要明确，不要乱开空头支票。

下面这个例子，就是一个典型的故事与黑色幽默方式结合的影视广告。

小船里坐着送葬的“寡妇”，准备到风景秀丽的海上举行葬礼。“寡妇”从装骨灰的坛子里怎么也倒不出骨灰，一脸的茫然。

(a)

(b)

(c)

(d)

(e)

(f)

(g)

(h)

(i)

(j)

图 5-1　故事型影视广告

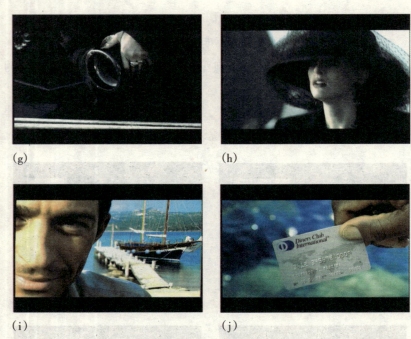

原来丈夫为了使用信用卡，到一个旅游胜地享受假期去了。

二、解决问题型

解决问题型是一种直截了当的表现类型，很容易被观众接受。

解决问题型广告的结构，看起来平常通俗，但不失为一种立竿见影的方式。据奥格威的研究证明：先提出问题，然后再解决这个问题的广告，比其他类型的广告有效 4 倍。

通过富有创造力的创意人员、美术师和导演之手，把问题戏剧化，这是一种很有推销力的表现方式。若有必要，再配上相关的示范图加以说明，就更有说服力。这种结构一定要把能解决困难的产品明确提出来，使观众感到口服心服。

制作解决问题型广告应注意以下几项：

（1）站在消费者的角度，用“观众自己的话”来表达；

（2）商品重要的特色和优点，应在介绍商品与解决问题中提出；

（3）使用者由于使用该商品才获得满足，不妨加一些别人的赞美语，以及其他的好处。

三、生活片段型

这种类型的广告结构表现切入点不是商品，而是商品的使用者。有了这层相连的关系后，人们觉得商品已成为生活中的一部分，暗示了它与消费者密不可分的关系。由于这种结构带有浓郁的生活气息，有身临其境的感觉，把观众带到了广告设计的环境中，缩短了广告与观众之间的距离，既让他们有亲切感，又使他们觉得真切可信。

生活片段型广告使用涵盖面更广，使用频率也更高。在表现时要注意场景的设计与商品出现的时机，不要让观众觉得是故意设计出来的，而缺乏真实感。通常表现为广告中的人物对某种产品的渴望：美食、服装、服务等，他们或从亲戚、朋友、邻居那里发现这个商品的好处。

在采用这类广告手法时，若运用太多和商品无关的画面，可能会导致传达信息的模糊。所以，要尽量简单明了，每个画面都要保持连贯，一步一步地让观众产生兴趣，最后抖出“包袱”——意想不到的结果。这个结果必须与商品相关，直到戏剧性地出现商品或LOGO。例如图5-2所示的这条影视广告。

(a)

(b)

(c)

(d)

(e)

(f)

(g) (h)

图 5-2 生活片段型影视广告

四、示范证明型

消费者购买心理往往是“百闻不如一见”，示范证明型广告就极大地满足了这种心理需求。通过名人、专家或使用者来示范证明产品的优点，能给消费者带来哪些好处等。这是一种理性诉求的广告方式，也是普通观众最容易接受的方式之一。

使用示范证明型广告，前提是让观众对示范证明的方式感兴趣，即选择一个有“戏”的情节。人物示范的动作要自然大方，不可矫揉造作，这样才会有信赖感。

示范的内容要与消费者的愿望相吻合。为了体现真实，有时可利用纪实的资料片，或真实的场景，增强说服力。使用这种广告结构时，应注意以下事项：

（1）用大家认为有信赖感的人来做示范或介绍商品；

（2）示范要讲究风度和语言；

（3）证据一定要真实可靠。

这种类型的广告简单而有效，对于普通消费者来说非常容易接受。

五、名人型

借助知名人士在电视上向观众推荐商品，一直是屡试不爽的方法之一。由于名人的特殊身份，在一般人心目中往往是权威、财富的象征，给人有可信、可敬的好感。利用他们的知名度和号召力及从众效应，把某一商品与之联系起来，会引起人们的好奇心和注意力。

名人效应能帮助提高广告商品的知名度。名人推荐的广告会迅速、直接地带来轰动效应。在使用名人型广告时，应注意以下几点：

（1）广告的商品要与名人有一定的内在联系，否则，效果不佳；

（2）名人做广告越正式越好，不可哗众取宠；

（3）费用高，也有一定的风险。

下面这条广告就是一条由名人演绎的广告，偶尔的邂逅，误解与化解，带出产品的作用。

(a)

(b)

(c)

(d)

(e)

(f)

图 5-3 名人型影视广告

六、悬念型

悬念型广告是由一个悬念引出的疑惑，即向观众提出一个问题，再由一个虚惊一场的答案来收场。这类广告很容易引发观众的好奇心，对事件的起因、矛盾、结果产生兴趣。观众急于知道最后的结果，保持高度紧张的情绪，使他们对广告中的每一种可能都产生期盼心理，从而在不知不觉中认知广告的商品。悬念型广告与故事型广告有相似之处，都有戏剧性的冲突与高潮。两者的最大区别是其结构的紧张程度不同，它是把一个问题推向一个极致后，再引出商品，从而消除观众的紧张情绪。

返航的飞机惊险降落，战友为之庆幸，不料飞机再次失衡，飞行员应声倒下，当女战友冲向甲板边时，飞行员安然地躺在防护网中露出得意的微笑，一场有惊无险的情节，在最后亮出底牌——幸运牌香烟。

(a)

(b)

(c)

(d)

(e)

(f)

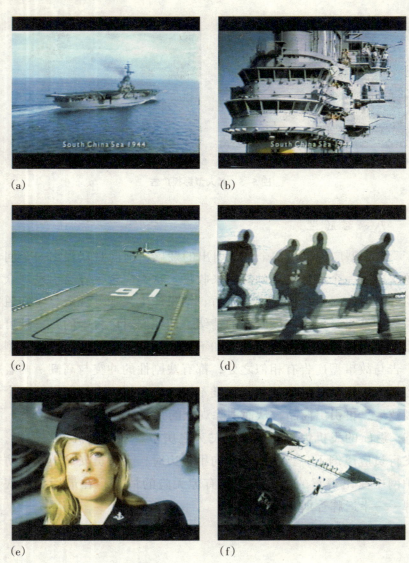

(g)

(h)

(i)

(j)

(k)

(l)

(m)

(n)

图 5-4　悬念型影视广告

七、歌曲型

就是利用一首专门选择的歌曲来演绎影视广告。或是歌唱，或是演奏，或是又歌又舞。广告歌曲轻松愉快，歌词朗朗上口，即容易被受众 接受，又便于广泛传唱及流行。

几乎所有的商品都可以用歌曲型广告来表现，尤其是那些多层次年龄段的商品，这种方式更为恰当。例如，可口可乐等。

使用歌曲型广告，还可以配合一些相对固定的造型或动作，使广告片锦上添花，这种视、听的结合，能极大地增强广告效果，识别性很高。

(a)

(b)

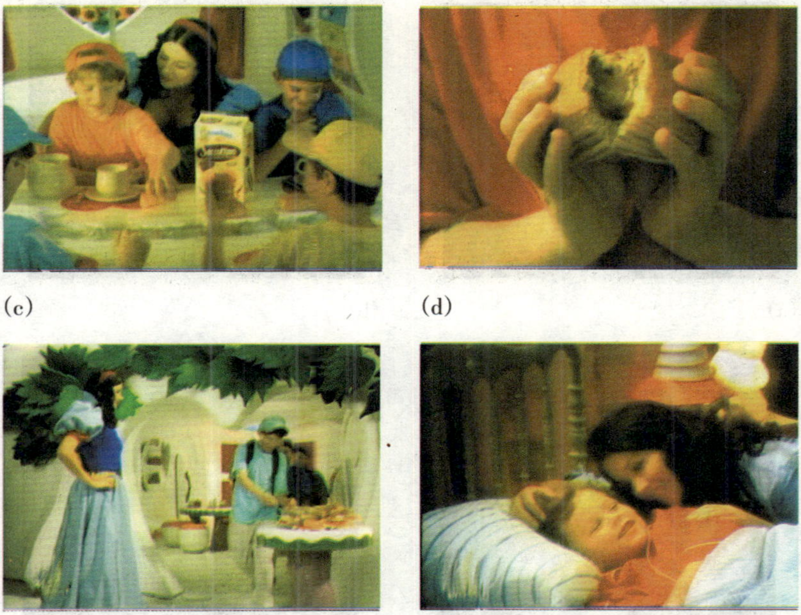

(c) (d) (e) (f)

图 5–5 歌曲型影视广告

八、对比型

这是用正、反两个方面作优、劣的区别。这类广告明显地带有挑战性，它的特点不仅是表现在广告商品上，还有意无意地贬低同行或竞争对手。当然，这种价值观因文化背景不同而效果各异。

这种类型的广告在美国盛行，且效果极佳。如可口可乐与百事可乐之间的拉锯战，其结果并不是两败俱伤，而是双双得利。在日本也开始出现此类广告，如下面这条“百事可乐”的影视广告。

在商场的监视器里，可口可乐的管理员正在整理货柜，他忍不住地偷偷打开了百事可乐的货柜，不料整个货柜的可乐倾泻而出，引来众人围观。

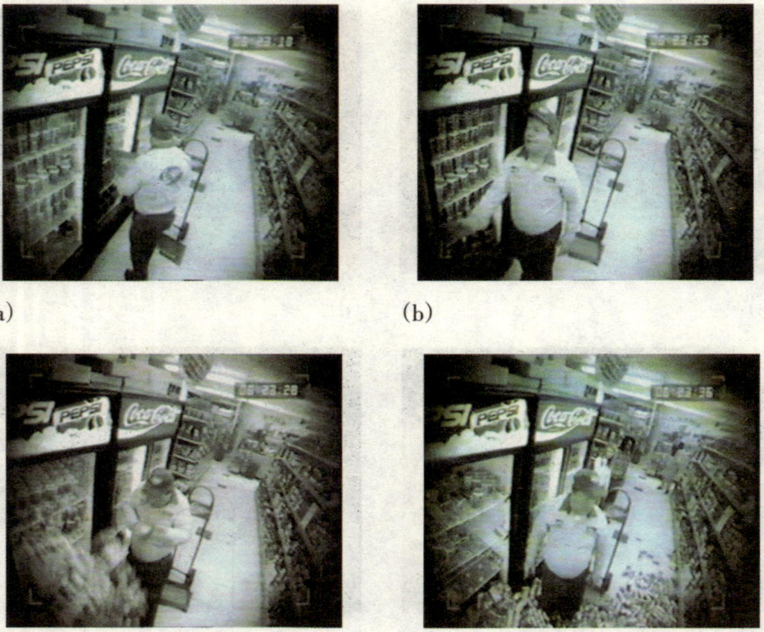

(a) (b) (c) (d)

图 5-6　百事可乐影视广告

九、动画型

动画片是大多数人喜闻乐见的表现形式，用动画来表现商品广告也是一种极佳的方式。

早期的动画片广告主要是二维的平面动画，也有木偶或其他的形式。20 世纪 70 年代后，电脑动画广泛使用。3D 技术给广告带来新的生机，加上数字效果处理，广告越来越神奇了。尤其是在表现一些抽象概念或物质内部结构地方，展现了动画惊人的表现力，可以说只要你能想到的，动画就能表现出来，成为一种不可代替的表现形式。

(a)

(b)

(c)

(d)

(e)

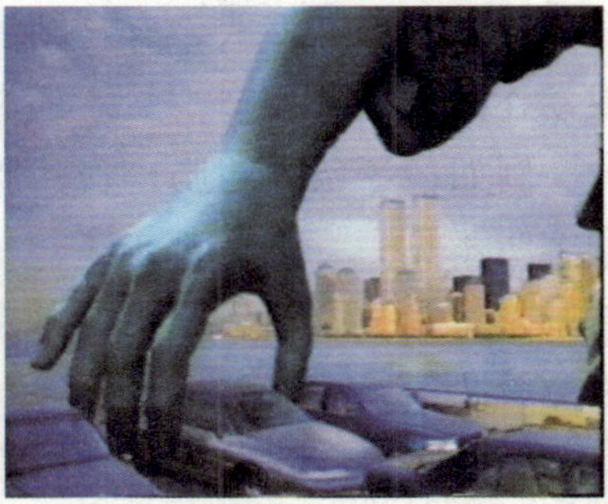

(f)

(g)

(h)

图 5-7 动画型影视广告

十、幽默型

幽默型广告是把人类生活中的戏剧化的矛盾，心理上的共通的特点，用含蓄而诙谐的技巧组合成滑稽、可笑的画面或语言，让人愉悦，令人发笑，从而达到乐于接受广告的目的。

幽默，不是广告的目的，而是广告的桥梁。幽默作为技巧，完全是为了表达创意的润滑剂，最终是让广告具有销售力。

常见的幽默方式，有喜剧演员参加方式、比喻的方式、语言或动作的方式等。

例如，一条火腿肠广告：胖厨师隔着玻璃窗与顾客对话，但顾客听不见，一个个都走了。一条可爱的小狗来到窗前，望着火腿肠不肯走，这时，只见厨师拿出一块小牌子，上面写道“这里没有骨头”，小狗像是看懂了这句话，扫兴地走了。

这条影视广告，从头到尾没有一句对白，巧妙地运用了隔窗比画的幽默形体语言，加上滑稽的音乐配合，小狗的出现，既增加了笑料，又暗示出商品的优质——没有骨头。

(a)

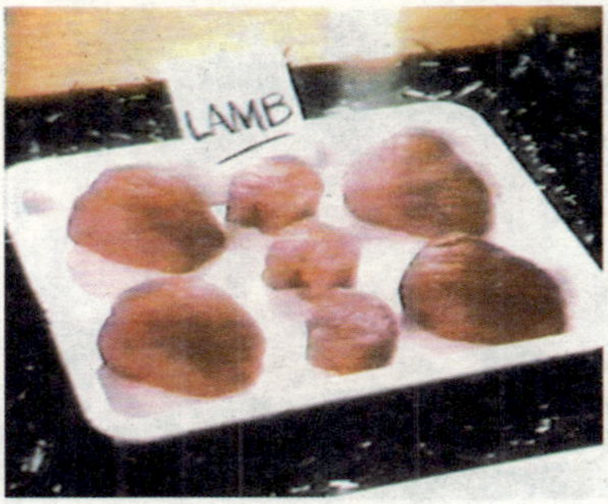

(b)

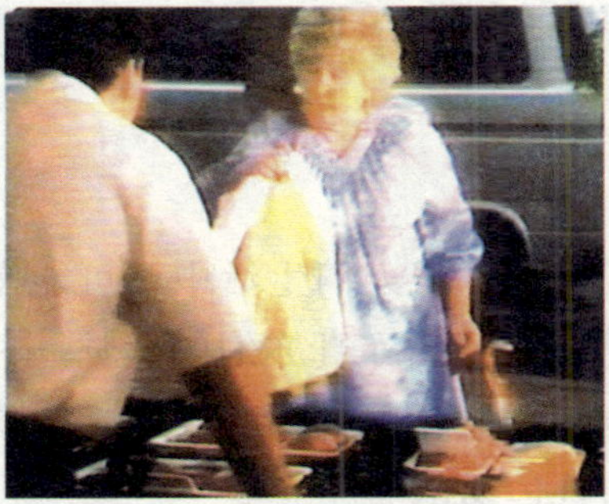
(c)

(d)

(e)

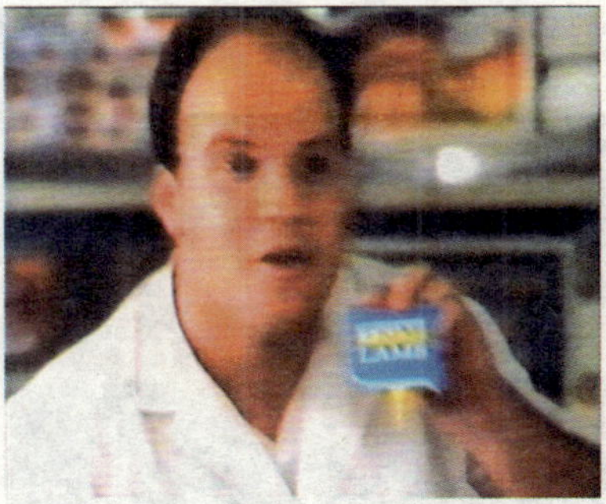
(f)

(g)

(h)

图 5-8　幽默型影视广告

十一、虚幻型

这种类型是一种超现实的表现手法，将人们生活中不可能发生的事，通过丰富的想象力表现出来，给人亦真亦幻的感觉。这种“距离审美”给表现的对象蒙上了一层神秘的面纱。通过虚幻的方式吸引观众，然后再把商品信息传递出去。

使用虚幻型广告，通常在表现上格外讲究，需要一些特殊效果营造气氛，如特技摄影、特殊场景、电脑动画等。

(a)

(b)

(c)

(d)

图 5-9 虚幻型影视广告

十二、气氛型

这种类型的广告结构是通过一些特定的环境、特定的事件营造浓郁的气氛或人物情感氛围。气氛型广告能把人对产品的感受在气氛的渲染中激发起来，并留下深刻的印象。它是一种以情感诉求为主的广告传达方式。

从商品推销的角度来看，广告可分为强销（Hard sale）与柔销（Soft sale）两大类。气氛型广告属于后者，这种方式更容易被观众所接受，尤其适合一些有一定知名度，处在提升阶段的商品广告使用。例如图 5-10 是一条雪弗兰 SUV 汽车的影视广告。

(a)

(b)

(c) (d)

(e) (f)

图 5-10 气氛型影视广告

十三、表演型

该类型广告的结构有意设计一种舞台表演效果，通过歌曲、动作、语言或舞蹈，巧妙地与商品相连，使观众在看文艺表演的感觉中了解产品。其特点主要是在视觉与情感的体验上打动观众，用人物的形体语言演示广告主题。

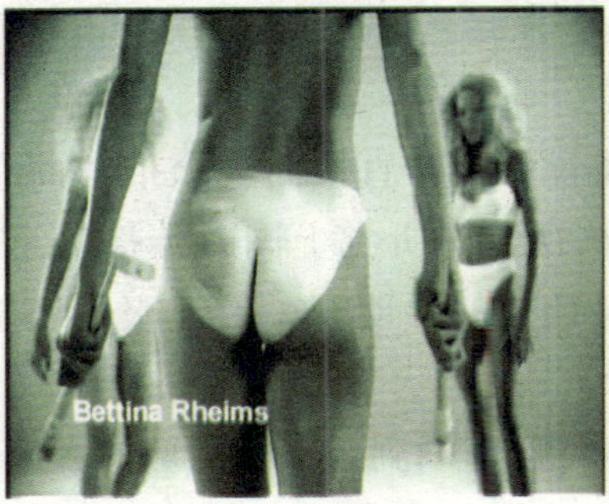

(a)

(b)

(c)

(d)

(e)

(f)

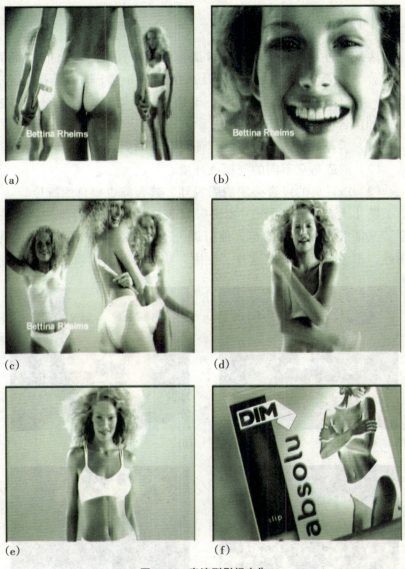

图 5-11 表演型影视广告

十四、发言型

这是通过某种宣讲形式，像播音员一样直接向观众推销商品的广告。发言型广告的特点，是从视觉与听觉上同时传播信息，既有一种新闻报道式的真实感，又比较简单明了，有说服力。制作这种广告应注意以下事项：

（1）播音员的选择很重要，他直接影响到观众的接收度；

（2）创造与众不同的气氛或环境；

（3）播音员的声音必须清脆悦耳，其言辞也要自然诚恳。

婴儿大会正在举行。“主讲”发表演说：我们需要一辆既安全，又能装很多玩具的车，他应该……全场欢声雷动，汽车的优越性，形象、生动地被这位“主讲”演绎得淋漓尽致。

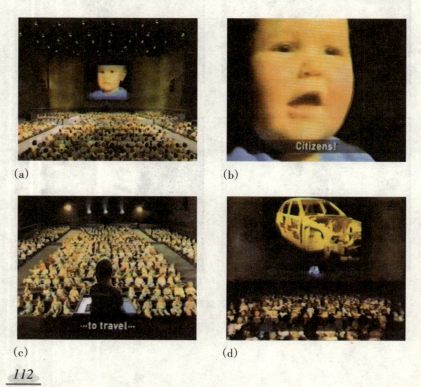

(a)

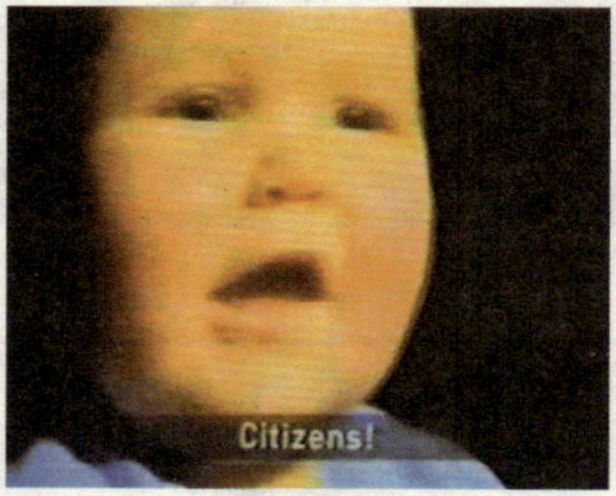

(b)

(c)

(d)

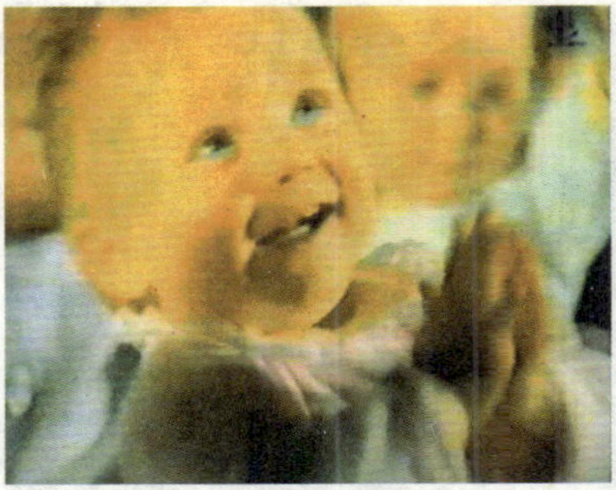

(e)

(f)

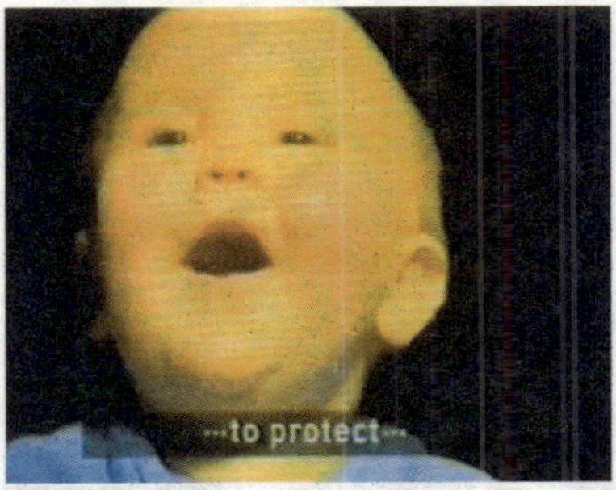

(g)

(h)

图 5-12 发言型影视广告

十五、局部描写型

这种类型的特点是采用放大某个局部——人物或商品的细部，由此引发观众对人物或商品的特征、质感等关注。产生极大的视觉冲击力，留下深刻的印象。其特点是：表现细致入微，视觉效果佳；对局部的特征．如人物的表情、实物的质感、产品的工艺等表现得淋漓尽致。此外，人们平时不太注意或难以看清的细节，也能被放大展示，引起人们的好奇与关注。

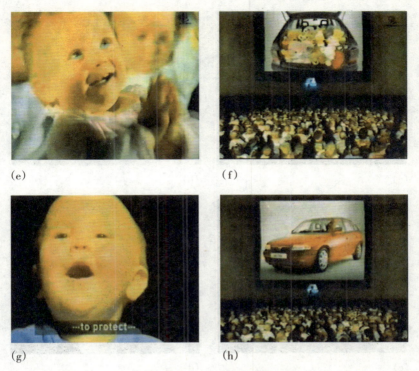

(a) (b) (c) (d)

图 5-13 局部描写型影视广告

十六、倾述型

这种广告是站在消费者的角度，像同亲友交谈一样，用倾述的方式娓娓道来，好比消费者自己在为产品代言。这种第一人称的广告表现形式，更加真实而平易近人。

倾述型广告应注意：

（1）尽量用最朴素的而真切的影视语言来表达，哪怕只用一个长镜头也就够了；

（2）可以用音配画的形式，像山涧流水缓缓而过，声音可以用同期声；

（3）演员一定要给人有真实感，不可有设计的痕迹。

下面这条啤酒广告，就是通过一个服刑人员对自由、美女、美酒的倾述，来反映出该啤酒的诱人。

十七、综合型

综合型影视广告，运用多种手段来展示商品或服务，有许多的优势。综合型广告的结构，就是将各种方法有机地结合起来以增强表现力。

(a)

(b)

(c)

(d)

(e)

(f)

(g)

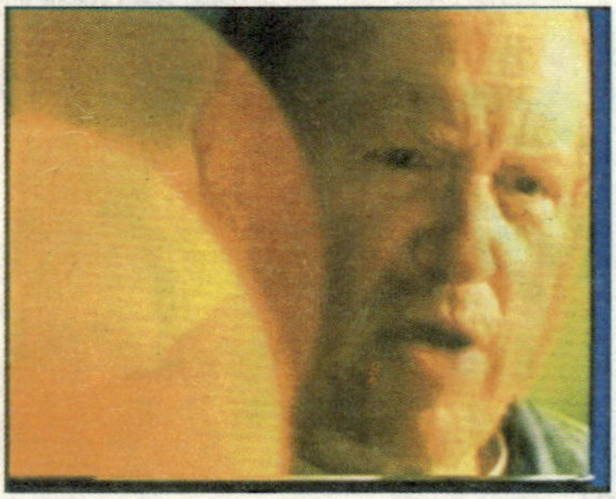

(h)

(i)

(j)

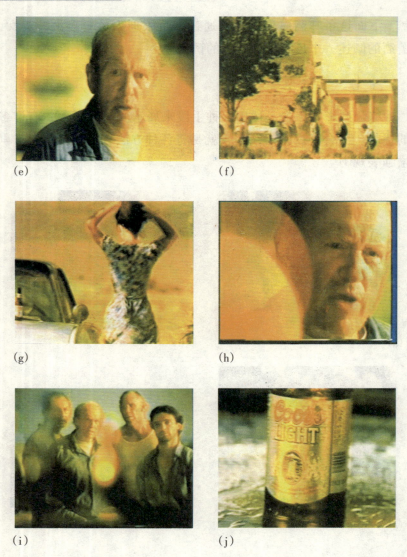

(k)

(l)

(m)

(n)

图 5-14 倾述型影视广告

一方面是结构的综合。如故事型广告中有含有幽默型，表演型中又有局部型，等等。另一方面是技术、技巧层面的综合。如实拍广告里有动画，真实场景里又穿插进超现实的元素等。

例如，下面这条获得日本“邮政大臣奖”的《再生纸有话要说》的影视广告，它集动画、实拍、讲述、示范等广告表现方式于一体，成功地传达了广告创意主题。

(a)

(b)

(c)

(d)

(e)

(f)

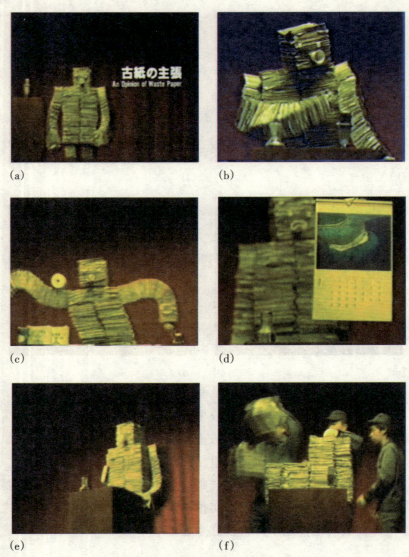

图 5-15 综合型影视广告

第三节 影视广告创意文案写作

一、影视广告创意文案撰写要素

影视广告创意文案的写作要素，主要是由影视艺术的“视”、“听”的基本特征决定的。严格地讲，影视传播又是以视觉为主的媒体，观众在看电影或电视时，以“看”为主，以“听”为辅。具体说来，文案的写作应注意以下两大要素：

1. 把握好影视广告的基本特征

影视广告的文案要为广告的画面服务，把画面与文案的关系处理好，既不是喧宾夺主，又不是可有可无。这里包含了以下内容：

（1）声画对位。画面要与文案有同步关系，不要说与画面无关的事，也不要随意提前或滞后。文案与画面的时长搭配恰当，并要留有“气口”。

（2）多种方式。在影视广告中，声音（文案）的出现，既可以是画外音，也可以是对白，还可以是独白，甚至没有声音，而是以字幕的形式出现。

2. 掌握观众心理

影视广告文案的写作不能一味地抒发自己的情绪，而应该首先考虑到观众的接受心理。具体可由以下三方面展开：

（1）了解对象的构成。目标观众的年龄、性别、文化程度、爱好共性等。如以儿童为诉求对象的，文案就要浅显易懂，避免咬文嚼字。

（2）写容易听懂的文案。影视广告为视听媒体，解说词主要靠听，而不是看，所以应避免过于复杂的句子、容易产生歧义之词及不利于发音或发音不协调的文案。

(3) 符合逻辑。影视广告的文案通常是短小精悍，但又要把广告内容说清楚，在创作中有一定的难度。可以省略掉一些过渡性的句子，但要符合逻辑，避免前后矛盾或经不起推敲等。

二、影视广告文案写作技巧

1. 设想将出现的画面

在撰写影视广告文案时，要尽量设想出拍摄后的画面情景，更重要的是，这个画面是连贯的，不是静止的。有了这些画面作参考，有利于写出有血有肉、有条有理的文案。

2. 设想文案的表达方式

把创作文案内容与表达方式结合起来，选择一个有利于传达的角度来表现，因为不同的表达方式对文案来说，有不同的写法。

3. 不必要求字面的连贯

影视广告的文案是与画面密切接合的，故主要是与画面的连贯，而不是单独看字面上的连贯。文案在字面上可以跳跃或省略，这样会显得自然而妥帖。

三、优秀影视广告文案范例

1. 美国运通信用卡电视广告文案

麦克纳：请问你认得我吗？我写过介绍很多地方的书，写了500多万字，还没有人认得我，那就是我要申请美国运通信用卡的原因。现在我到处受人欢迎，就像我的书《夏威夷》一样。

画外音：申请信用卡，请注意这个标题，欢迎使用！

广告大师大卫·奥格威对这段广告文案的评价是：名人证言

广告在改变品牌偏好方面的效果是中下，但美国运通信用卡自1975 年以来一直用这样的广告——效果奇佳，他们有一个神秘、特殊之处："你认识我吗?"

2. 好味思面包电视广告文案

第一男声：当我还是高不过膝时，我离家出走……我带了心爱的弹珠、弹弓和好味思三明治。当我停下来咬一口时，来了一位邮差。

"我到了伦敦了吗?"我问他。

"还早呢！小鬼，假如你要想走到那里，你要带更多的好味思，得走更远的路……走，跟我回家找你妈妈……"

第二男声：好味思比一般面包有更多麦芽，今天对你有益，永远有益。

大卫·奥格威对此评价是：这是我最喜欢的情怀性广告之一……

3. 布里兹啤酒影视广告文案

男声（Ottley)：我祖父到哈宁镇，大约在 1882 年。

画外音：Howard Ottley 是俄勒冈州东南部的一位农场主。

Ottley:哈宁镇依然保持昔日牧场风光……我父亲生于牧场，我们全家居住于此……

画外音：他仍然保持自然的做事方法，我们认为是生活及酿酒的最好方法。那就是布里兹啤酒为什么要以天然的原料、用传统的方法酿造。

Ottley：我并未到过国内许多地方，但我想类似这样的地方再也不多了！

画外音：布里兹乡村……天然的乡村……天然的啤酒。

大卫·奥格威的评价是：这段片子由我的伙伴莱内所写，是我所知道运用情感最好的广告片。

4. 可丽舒面巾纸影视广告文案

画外音：纸张柔不柔，声音可以告诉你。这是普通纸张。这是比较柔软的纸，猫还是听得见。

但是现在还有更柔软的，柔得静悄悄的。

美国可丽舒面巾纸是好面巾纸。

第四节　创意表现的故事板

一、故事板及作用

1. 何谓故事板

故事板是影视广告创作中的专用名词。它是影视广告专业化制作前期，借助于美术的手段，对影视广告创意文案所做的表现性绘画与文字说明。它相当于建筑房屋事先所画的蓝图。影视广告创意完成后，要根据创意文案的脚本，由美术师根据脚本内容，进行视觉表现的再创作，把它绘制成具体化、可执行的图画，这种图文并茂的形式，就是创意表现的故事板。

故事板的绘制可由个人创作，也可由集体创作。因为影视广告本身就是一个多元性作业的活动。故事板的内容，除创意的脚本写作、视觉效果图绘画以外，还涉及影视艺术多种因素。如音响、视觉表现、时间搭配等，都要在故事板上加以标明，成为执行创意的制作蓝本。

2. 故事板的作用

（1）将创意视觉化。影视广告创意最初是以文字的方式形成的，带有一定的抽象性和不确定性。而影视广告是非常具体的视觉艺术，每一个画面都必须是十分明确、可视的。所以要求在广告创意执行前，将创意文稿转化为一目了然的画面。如画面的场景、构图、人物造型、动作、色彩等，都可用绘画的方式迅速地表现出来。

（2）与广告主交流。影视广告影响面大，但耗资也非常巨大。摄制影视广告可以说是只能一次成功，不能失败再来。所以对创意和最后摄制完成的方案，都要取得广告主的认可。由于专业的原因，如果只是凭口头或文字向广告主介绍创意的内容、表现的形式，它既不便于广告主的理解也不利于事后作为界定执行的验收样本。而绘制成故事板，像连环画一样，把一些关键性的镜头，甚至是每一个分镜头都画出来，直观地展现，与广告主交流就容易多了。经过广告主的认定后，成为拍摄制作的蓝本。

（3）为制作提供依据。影视广告一旦认定以后，故事板就成为执行制作的依据。去落实每一项具体的工作，如编制预算、安排场景、选择演员、布景、道具、服装等。此外，故事板还是导演、摄影师、灯光师、美术师开展工作，进行再创作的依据。

二、怎样绘制故事板

1. 故事板的类型与规格

俗话说“条条大路通罗马”，故事板的绘制也不例外。影视广告故事板的绘制无论是国际、国内的广告界，都没有绝对统一的规定。不管用什么方式绘制，只要能准确、形象地表达影视广告的创意思想，能让广告主、摄制人员看懂，有执行依据就可以了。

通过业内人士长期实践，形成了一些相对规范的故事板类型，大致有以下三种：

（1）电脑绘图形式。其特点是绘制方便、快捷、成本低；画面有一定效果，极易复制和修改。但要绘出高质量的故事板，成本较高、时间较长；在表现创意的形式上受到许多限制。

（2）手绘形式。这种形式是由美术师采用素描或色彩的手法绘画。其特点是表现自然、生动、快捷，富有极强的感染力；不易进行、细节刻画、修改和复制。

（3）手绘与电脑结合形式。先由美术师用手绘的方法画出画面，然后扫描到电脑中进行处理。也可加入一些相关图片或材料，进行合成。它能极大地增强表现力，取长补短，易于修改与

(a) (b) (c) (d) (e) (f)

图 5-16　手绘形式的影视广告故事板

复制，画面效果极佳。

影视广告故事板的规格通常包括：客户名称、广告名称、影片时长、镜头时长、画面、声音、技巧、景别、解说、组接方式、效果等。此外，如还有未能言尽的事，还可以用文字说明的方式阐释，如导演阐释、制作计划、参考小样等。

图 5-17　珠江温泉电视广告故事板

2. 故事板的绘制要素

绘制故事板，首先要吃透创意精神，抓住主要的镜头画面，做到简明扼要。其次要考虑到可执行度，哪些东西可以执行，哪些东西不可执行，要考虑清楚，不要画得眼花缭乱，而最终难以完成，切忌画一些不相关的东西。最后，要充分发挥美术师的艺术想象力和表现力，进一步落实文案中不具体的内容，把创意变得更为具体和有效。

3. 故事板实例

见图 5-18“澳瑞特健身器”影视广告故事板及摄制后的画面对比。

镜头一：2 秒，跑步；

镜头二：2 秒，骑自行车；

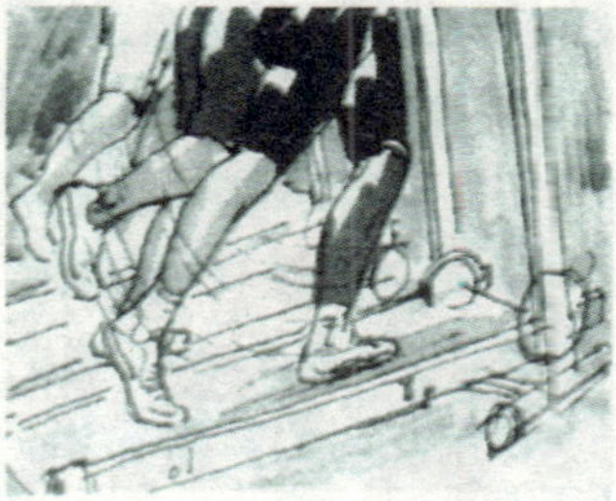

镜头三：2 秒，跑步器；

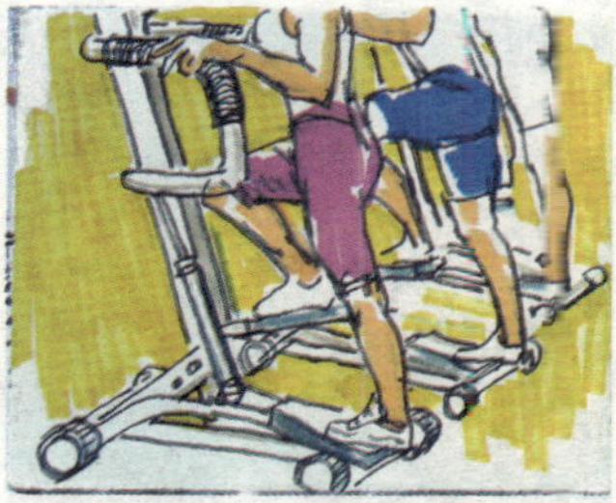

镜头四：2 秒，登山器；

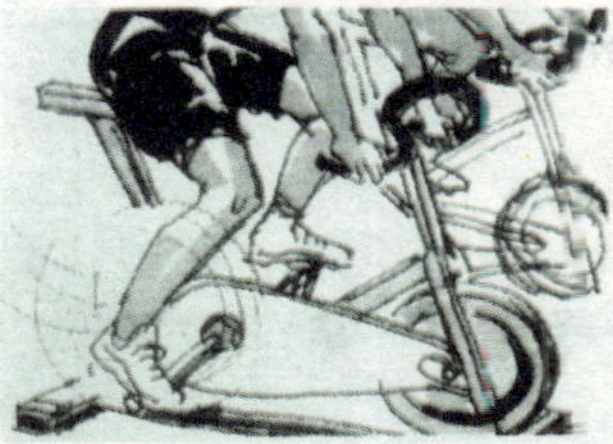

镜头五：2 秒，健身车；

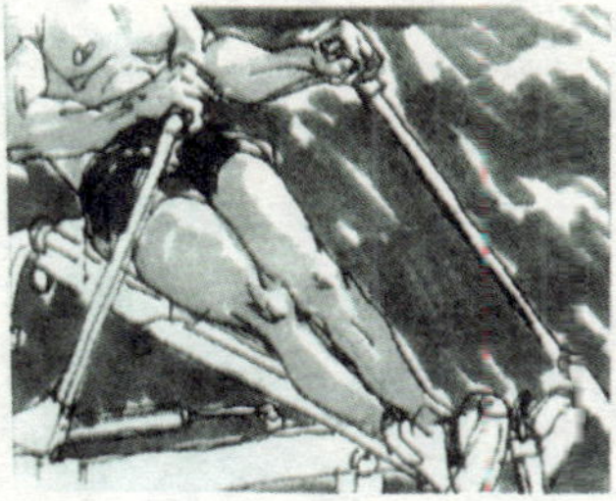

镜头六：2 秒，划船器；

镜头七：1 秒，登山；

镜头八：2 秒，欢呼，欢快的音乐，男解说。

图 5-18　“澳瑞特健身器”影视广告故事板及摄制后的画面对比

第六章　影视广告美术

第一节　影视广告美术的概说

一、何谓影视广告美术

“影视广告美术”是相对舞台美术、工艺美术等而言的专业化名称。它是为影视广告创意总体空间进行造型和制作服务的，所以说从本质上讲是属于造型艺术，造型是影视广告的基础。这种造型从时空观念上讲，又属于动态造型艺术。

二、影视广告美术的意义

首先，影视广告美术是影视广告创作中一个重要的组成部分，对影视广告的总体空间造型设计和制作，有着密切的关系。如组织空间布局，完成空间各结构都要做出周密的构思与设计，同时对空间造型的构成因素，如效果、气氛、色彩、道具、场景、光线、服装等也要做出相应的设计。特别是对空间主体的人物形象、商品形象，以及影视画面的构成、造型语言的表达等，是设计的重点。影视广告美术的一切造型设计，都要以广告创意及导演的构思为依据。美术师要对创意方案——故事板进行充分的研究，特别是对人物与商品的设计，要突出表现。

其次，影视广告美术设计是以银幕为载体的造型艺术，它既是空间的又是时间的艺术。前者是指影视广告中商品、人物、情景的变化，是按照特定的语言内容，使观众获得广告信息；后者是指影视广告是按照创意，在一定时间范围内完成。

最后，影视广告的美术设计还应把“时空”与“视听”结合起来。给观众呈现真实、完整、独特的视觉感受，有效传达广告信息。

三、影视广告美术的构思

影视广告美术构思，是以美术师的造型设计为主，导演、摄影为辅的三位一体的共同创作。影视广告是一项集体创作的工作，美术师的造型设计，不仅要充分发挥自己的想象力，还要考虑到导演和摄影师的意见。所谓“美术师选景、导演用景、摄影师拍景”就是这个道理。

实际创作中证明，美术师、导演、摄影师、灯光师的创作界限正在“模糊”，相互专业交叉有利于广告的完美表现。

第二节　影视广告美术的特性

影视广告既有影视艺术的某些特征，又具有广告推销的特点。两者不是简单地相加，而是有机的融合。其主要特性有以下几个方面。

一、立体空间、多视角和动态性

这个立体空间是指美术设计师运用多维的思维方式来造型。实景造型中的长、宽、高度及时间构成的四维立体场景设计。

摄影场面调度、机位变化、角度变化等，设计出不同景别的画面。一要考虑到多景别的场景；二要考虑到场景构成因素的多角度；三要考虑各种立体空间的设计、搭建与符合运动规律。给演员表演、置景、拍摄等提供有利条件；给布光、制景提供基本空间。特别是考虑到拍摄时不能出现“穿帮”的破绽。

所谓“多视角”是指在四维状态下，导演、摄影可以从多个角度进行构图、拍摄。

二、表现手法的多元性

影视广告是在银幕上造型，需要调动多种手段来进行美术造型。有形、光、色、音、时以及商品和人物七大要素。

第一，要设计相应的场景、道具等“形”的内容；第二，要设计各种光源，包括自然光和人工光；第三，要设计出引人注目的色彩效果；第四，要设计出音画与气氛、动作等元素；第五，把握时间因素对其他要件的影响，如模型合成、绘画合成、电脑合成等；第六，广告商品是主角，处理它与造型等问题；第七，人物是鲜活画面、氛围的要素，是影响一切的归接点。影视广告的多元性，还表现在制作中技术层面的复合性。如布景的完成，要根据美术师的设计，进行平面的布置和立体的搭建，牵涉许多细节问题等。

三、鲜明的个性

影视广告不同于电影、电视及舞台艺术，它没有过多的时间来做环境、情节的铺垫，必须具有极强的特点，使人尽快认知，并产生冲击力。一般影视剧要求其场景是真实的，而影视广告美术所追求的不在于真实与否，而在于销售力。没有鲜明的个性就不能给人留下深刻的印象，也达不到影视广告的目标。

第三节 影视广告美术的作用

影视广告的作用从不同角度和层面去看，所得出的结论也不同。以下从三个方面进行阐述。

一、创造银幕形象的作用

银幕视觉形象主要靠美术师来设计，“影视美术师”是第一个把文学形象转化为视觉形象的人。

在影视广告传播中，视觉形象占主导作用地位。影视广告美术之所以重要，就在于它直接关系造型的艺术，为商品展示提供表现的特征。

二、创造商品个性形象的作用

一般来说，消费者在没有了解某一商品之前，他只有通过其外表或赋予外表的导向信息来判断。而影视广告美术正是这个点石成金的“导向”，美术师通过具有感染力的造型及形象渲染，引起观众的共鸣。例如，可口可乐在我国推出的中国版影视广告，就具备了鲜明的个性特征，既体现了它一贯的欢乐主题，又表现了地方特色。

三、提高广告文化价值的作用

一个影视广告的画面，一个广告人物形象，都会在人们心目中留下印象，并或多或少地影响到人们的社会生活与价值观。当人们观看到迪斯尼的影视广告时，购买其商品时；走向象征麦当劳的“M”标志时；看到“海尔兄弟”时，人们已不知道是在消费它们的产品，还是其文化，这些形象变得如此诱人。其实，这些形象、产品早已融为一体，你不能将其分开。

第四节 影视广告美术师的任务

一、总体造型设计

1. 总体空间造型意识

所谓总体造型设计，就是美术师根据广告创意的要求，从宏观上对全片的基调、商品、人物形象及空间作分析，从而形成影视画面的全局设想。其思维大体分为三个步骤：

（1）确定影视广告整体形象特征，即全片的基调。在规模上是气势宏大，还是小巧玲珑；在表现上是强烈的对比，还是抒情写意；在风格上是质朴纪实，还是炫目耀眼等。

（2）确定全片整体空间形态、性质类型。视觉效果、空间特点、空间关系等。

（3）进行段场空间和场景间的规划与组织。主要包括：色彩设计、影调设计、商品与画面的构成关系等。

2. 总体空间要素

（1）自然要素。山川树木、天空大地、风雨雷电等。

（2）人造要素。①生活空间：建筑桥梁、机关学校、街道商店等；②想象空间：天堂地狱、天宫龙宫、未来世界等；③形式空间：人物记忆、戏曲小品等。

（3）气氛要素。①天文地理：季节、气候、时间；②生活道具：家具陈设、绘画雕塑、车辆标志等；③社会文化：民风民俗、流行时尚等。

图 6-1　摄影棚内的空间布局

（4）基础要素。建筑道路、色彩质感、光线影调等。

（5）控制要素。创意主题、表现样式、制片成本等。

图 6-2　利用自然条件来进行画面设计，也可以加上相关人为因素

二、场景设计

场景设计是指影视单元场次的特定空间环境。包括广告中人物活动场所、商品展示环境及非现实空间等。

1. 场景分类

按照场景空间的性质可分为：

（1）叙事场景。是指在某种意义上直接或间接承担角色表演、参与剧作、具有表演价值的场景。其特点有烘托气氛、提供背景、参与剧情、衬托商品等。

（2）表意场景。具有非现实、纯主观的意向性场景。如通过光影的处理，表现人物或商品的状态等。

（3）幻觉场景。指人物在正常或反常时，对过去或未来的想象。

2. 场景的构成

（1）场景的构成要素。物质要素——景观、建筑、道路、人物等；情绪要素——形式、色彩、光线、时间、声音等。

（2）场景内容。场景空间本身和多场景空间。场景空间反应主要人物的状态，起衬托作用；多场景空间，是指相互间的构成关系。

（3）场景构成方式。重点场景、多元场景、局部场景。

（4）场景设计产生。主要有萌发、成长、定型三个阶段。

（5）场景设计的步骤。首先，确定场景。一条影视广告有多少场景，按照拍摄顺序，明确主次场景。其次，平面构成。设计单元场景的平面结构图，包括场景布局和尺寸、单元场景相互关系（大小、节奏、冷暖等）、内外景关系、场景平面布局与摄影机运动的关系及布光的关系、景物与声音等。再次，立体构成。包括立体结构、规模尺寸、景物形状、场景空间尺寸比例。最后，画出效果图。从效果图中反映出色彩构成、环境气氛、明暗影调、主体（商品）与场景的关系、风格样式等。

图 6-3 利用围幕布景

图 6-4 使用天幕布景

图 6-5 在影棚内也可以创造出模仿自然而高于自然的场景

三、银幕色彩设计

1. 色彩的特点

（1）运动的色彩。影视艺术的本质就是“动”的艺术，故随着镜头的变化贯穿始终。

（2）鲜明的色彩。色彩倾向明确，色相、纯度、明度三要素交代清楚。

（3）层次分明的色彩。一个场景的运动色彩层次、时间流动中的色彩。

（4）节奏感强的色彩。在影视广告中，过于统一的色彩会给人单调乏味之感。

2. 影视广告色彩要素

影视广告色彩要素主要体现在以下三个方面：

（1）从美术角度看主要有：形体色、光线色、语境色三种。①形体色：画面中物体形象本身的颜色。如商品、演员服装、背景物等色彩。②光线色：物体在某种光线下所呈现的色彩。包括：场景色调、色彩基调、气氛色彩等。③语境色：经设计构成视觉语言形象，形成一定艺术风格色彩。

图 6–6　人物的服装、服饰与道路、天空、山地形成和谐的色调

（2）从摄影的角度看有：光线色、画面色、影片色。①光线色与上述相同。②画面色：是指摄影师通过摄影机进行构图时画面色彩。包括原始色彩和经过滤色处理的画面色彩。③影片色：

特指电影胶片在正式洗印样片或制作拷贝过程中对胶片经过配光后的色彩。

图 6–7　给自然界的物质着上人工的颜色，加强色彩的丰富与饱和度

（3）从导演的角度看有：①语言色：其含义与“光线色”、“语境色”的概念相同。此外，还含有人物外部与内心感受的色彩。②基调色：是指不同类型、风格的影片的基本调子配置的色彩。为表现某一特定的情绪，在色彩上相应选择、搭配和处理，形成有一定心理感受的色彩倾向。如表现热烈、欢快的气氛用暖色调；清爽、舒适的场景用中性色调；紧张、恐怖用冷色调等。

四、影视广告色彩设计的表现方式

1. 抽象表现方式

这是指用色块、线条等表现画面的方式。它对画面具有概括性的描绘，表现商品、人物场景等的色彩倾向。它有意省略掉形象的具体细节造型，而抽象成几大块色彩。按照画面上的时间流程，组合成一个色谱，用绘图的方式简明扼要地表现出影片的色彩构成及基调。

图 6-8　鲜明、凝重而含义深远的色彩，使画面表现力更强

色彩的序列色谱主要内容有：各场景的色彩纯度、明度、色相、调子的类型；镜头之间、场景之间的色彩转换；商品与背景之间的色彩构成关系；段、场色彩的主要倾向；全片的色彩节奏对观众的视觉冲击；色彩与规定情节的对应关系等。

图 6-9　用印象派的画面来表现色彩与含义

2. 具体表现方式

在具体表现方式中，又包括以下三种方式：

（1）重点场景气氛图。是指根据广告创意，用绘画的方式，画出重点场景的色彩组成、气氛效果来。与抽象的方式不同，重点场景的色彩表现要有具体细节。这种具体细节程度如何，将影响各部门的创作活动的展开。

图 6-10　逆光下的灰色调

（2）影视画面设计图。是为影片各镜头画面形象的构思设计的。包括商品、人物、场景的色彩、光影变化等。

（3）商品与空间造型的效果图。既要让观众看清楚商品，又不至于枯燥乏味，就要进行与之相关的空间设计。

图 6-11　黑泽明先生拍摄前的画稿

图 6-12　黑泽明先生拍摄后的画面

五、人物造型设计

由于影视广告在很多情况下都是以演员的表现推出商品，所以，人物的造型也关系到整个创意的表现程度。也是美术师的任务之一。人物的造型设计，其内容主要包括：化妆造型、服装造型、随身道具造型三个方面。

（一）人物化妆造型设计

1. 人物化妆造型的依据

它是指广告创意中所规定的人物特点，如年龄、身份、长相等，其化妆特点是：自然、真实。与戏剧、舞台化妆不同，影视化妆要求自然而真实，不可浓妆艳抹，夸张表现（特殊要求的除外）。

（1）立体化妆。影视表现是立体的表现，是全方位展现演员的表演。

（2）动态造型。随着情节的变化、角色的转换，人物的化妆也要随之改变。

2. 人物化妆造型的分类

（1）按年龄分：

年龄妆造型——塑造人物不同年龄的化妆造型；

性格妆造型——显示人物个性特点；

肖像妆造型——美化人物形象为主，个性特征为辅；

效果妆——流血、病态、受灾等特殊场景中的人物妆；

拟人妆——童话、神话、传说、科幻及想象中的人物化妆。

（2）按技法分：

绘画法——运用色彩，以绘画形式进行化妆。特点是直接改变肤色，遮盖面部缺陷，表现特殊造型。

整形化妆法——包括眼、鼻、口、耳整形，绢纱整形等。可改变人物年龄，美化形象，也可改变人物容颜特征。

塑形化妆法——采用毛发制品，如假发、假须、假眉、假睫等，改变人物年龄、性别、身份、外貌、气质等。

综合法——几种化妆手法共同使用。

图 6-13　少儿化妆

图 6-14　成年女性的化妆

（二）人物服装设计

1. 什么是人物服装设计

它主要是设计人物的衣着和穿戴。如衣服、裤子、鞋帽、饰品等。

（1）影视广告中人物服装反映出演员的个性特征。穿什么衣服，戴什么首饰，用什么装饰物，反映出人物的性格、爱好、与商品的关系等；

（2）人物的服装与广告商品相关。人物服装影响到人物个性，也或多或少地影响到对相关商品的认知；

（3）人物服装是审美的部分。通过服装改变人物形象是行之有效的方法之一，并反映出相应的审美倾向及品位。

2. 影视广告服装设计分类

（1）以性别分：有男装、女装。

（2）以年龄分：有老年装、中年装、青年装、儿童装、幼儿装等。

（3）以职业分：有学生装、军人装、工作装等。

（4）以季节分：有春、夏、秋、冬装等。

（5）以款式分：有西装、民族装、牛仔装、休闲装、运动装等。

(a) (b)

图 6–15 不同时代的化妆

（6）以用途分：有内衣、外衣、单衣、夹衣等。

图 6–16　民族妆

图 6–17　反映身份、情趣的化妆

（三）人物随身道具

为增强影视广告中人物生动、鲜活的形象效果，在设计人物造型时，经常加上一些随身道具，使广告更富有表现力。

1. 人物随身道具的特点

（1）与广告商品相关。

（2）件数少、体积小、种类单一。

（3）有浓郁的生活气息。

（4）有审美价值。

2. 人物随身道具分类

金属类——如徽章、打火机等。

布绸类——旗帜、雨伞、头巾、背包等。

纸质类——字画、信件、书报杂志等。

动物类——小猫、小狗等。

皮革类——皮带、皮包、皮箱、皮手套等。

食品类——糖、果、糕点等。

礼品类——鲜花、工艺品等。

玩具类——儿童各类玩具，成人的棋、牌、古玩等。

文具类——纸、墨、笔、砚等。

竹木类——椅、拐杖、竹筐等。

电子类——MP3、手机、摄像机等。

综合类——手推车、货郎担等。

若按用途分，有实用、装饰、双重随身道具等。

3. 人物随身道具设计原则

这需要根据创意剧情需要、导演要求，要符合生活常理、遵循审美的原则。

(a)

(b)

图 6-18　人物随身道具

第七章 影视广告动画

第一节 影视广告动画的意义

动画，也称卡通，是影视美术片中的一个片种，也是影视创作的一种手法。它是一种让单个静态的绘画或雕塑、建模等，通过逐格摄影或电子合成等方法形成的影片样式。采用动画形式制作的影视广告，就是影视动画广告。

影视广告动画具有极强的表现力。由于动画本身具有夸张性，这就超越了一般影视表现的局限，可充分发挥想象力。

影视广告动画具有独持的艺术魅力。影视广告动画既有绘画的特点，又有电影、电视的特征，加上独有的思维方式和表现形式，能够极大地增强影视广告对商品的展现与渲染。

影视广告动画具有极大的可操作性。大到表现宇宙太空，小到分子结构无所不包。从技术层面看，它灵活多变，可执行度高。

第二节 影视广告动画的分类

一、卡通动画广告

卡通动画广告是用普通的动画胶片，借用其透明性，按照固定背景一格一格地描绘出来画面，这种动画有以下几种形式：

（1）全动画。即按电影的每秒 24 格画格，电视每秒 25 画帧，逐格（帧）的绘画和拍摄，最后连续放映还原成正常动作状态。

（2）部分动画。即省略掉一部分动作的画格（帧），夸张特定部分，出现跳动或加速的动作状态，能产生特别或滑稽的效果。

（3）抽象动画。用抽象的线条或图形，配合音乐的动画。

图 7-1　卡通动画影视广告

二、三维动画广告

三维动画广告是一种有立体感而非平面感的动画形式。通常用电脑设计制作而成，其写实能力强，动态表现力也非常大，长于表现其他影视手法难以表现的对象。电脑三维动画广告技术指标极高，如清晰度、色饱和度、兼容性、变化效果等。但一般制作周期较长、费用较高。

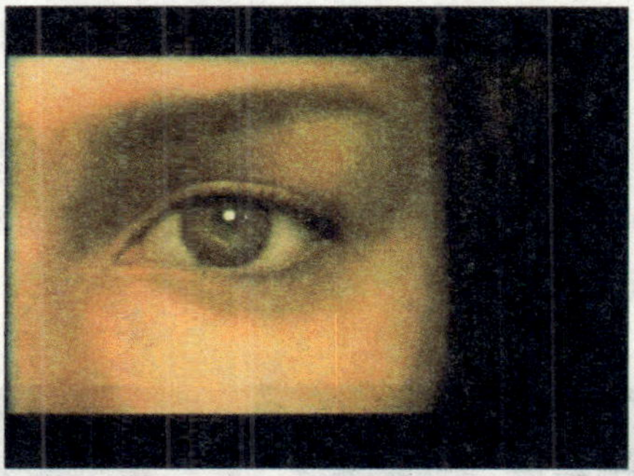

图 7-2 三维动画影视广告

三、照片变化式卡通广告

这种形式是以相对静止的画面（照片），通过一定的表现手段，连续发出不同的动作．画面上的运动、发展、韵律等以时间为流动。该手法有利于质感表现，有非现实运动的独特感。如广告商品可随着韵律跑、跳、滑或扩大、缩小等变化。

四、木偶动画广告

木偶与卡通不同之处是它要用一定的材料做出模型，而不是用绘画的方式。它更像是雕塑，一种立体、动态的表达形式。然后赋予其人物性格、特征，再按照一定的比例关系逐格（帧）拍出来形成动态。

木偶动画包括提线木偶、布袋木偶、仗头木偶、独立式木偶和人偶等形式。木偶通常采用的材料为木材、石膏、橡胶、塑料、海绵、麻、综合材料及银丝关节器制成。

拍摄时逐个动作依次分解若干环节逐格（帧）拍摄。也有连续拍摄的，如提线木偶、布袋木偶、仗头木偶、独立式木偶和人偶等。

五、合成动画广告

就是采用多种方式，动画与实拍结合，创造变幻莫测的效果。既发挥了实拍的真实感的作用，又增加了动画的特点，真真假假，有虚有实。

(a)

(b)

图 7-3　合成动画影视广告

第三节 影视广告动画设计

一、影视广告动画设计要素

1. 造型

无论是主角还是配角造型，或环境、道具和色彩等，都力求简明、概括。从主要特征入手进行大胆的夸张，将其特征放大、强调，产生容易识别的形象，并赋予情趣，形成长久记忆。

2. 线条

要生动、流畅而明确。线条表现主要轮廓，尤其是在平面动画中，线条占主要的地位。造型、动作、透视等主要靠线的变化来完成。

3. 角度

对角度的选择，要准确并做到多变。创造出观众平时无法或很难观察到的角度，注意透视变化，加大“畸变”的效果。

4. 夸张

无论是造型、思维方式、表现语言及动作、色彩等，都要与现实世界拉开距离，使许多实际生活中不可能的东西变得可能。

5. 画面

影视广告动画设计的画面要有立体感、运动感和色彩感。无论是二维还是三维动画，都应突破平面的约束，用立体感来增强表现力；“动”是影视的基本特征，只有动态表现，才有吸引力；影视广告动画是充分发挥色彩的极佳方式之一，色彩对影片会“增色”不少。

二、影视广告动画形象设计

1. 商品形象设计

通常采用夸张的手法，将商品或人物加以变形处理，使商品既保持原来的特征，又赋予新的艺术形式感。如可口可乐将瓶盖人性化后，给“他”戴上耳机，在音乐的节奏中翩翩起舞。

2. 人物形象设计

其设计形象要与广告的商品相关，设计出典型化和类型化的人物造型。即一看该人物就很快识别出“他”的个性特征及将扮演的角色。

3. 木偶造型设计

根据木偶的艺术特点，在设计时按照画稿，先画出脸谱、服装、道具的彩色图稿，再确定木偶的制作结构，选定外部材料，然后画出木偶的正、侧面及尺寸图。

三、影视广告动画动态设计

1. 人物表情图

画出角色面部的主要表情，如：喜、怒、哀、乐等表情的图稿。人物表情图的作用是让角色表情的夸张幅度、线条构成和性格特征有明确规范，避免在运动中失真或不自然。

2. 人物造型比例图

为了保证角色在任何情况下，各个部位都具有固定的特征，所以，在角色及角色之间的关系处理时，在一个水平线上画出他们的比例关系。这种关系并不是我们现实生活中的比例关系，而是一种特定情况下经过夸张处理的比例关系。

3. 人物转面图

任何动画人物，当他在转面时，造型特征都会发生改变。为确保其原有的目样不变，就要画出角色正面、侧面、3/4 侧面、背面及仰、俯等不同角度的图形稿。有了这个人物转面图，就能做到“万变不离其宗”。

4. 影视广告动画动作设计

动作设计主要包含两方面的含义。一方面是根据原画完成介于两原画之间的第一张中间稿。第一动画要在动作幅度、速读、轨迹、形态变化复杂的镜头之间，连接它们的流畅画面来。另一方面是动作的具体分解和变化。通常可分为动作准备、动作主体和动作连续三大部分。

动作的夸张性是动作设计的一个重要环节。主要包括以下四种：

（1）弹性动作。像皮球一样，由于物理作用，有一个落下、着地、弹起的运动过程。

（2）惯性动作。像汽车急刹车时，由于汽车轮胎与地面之间的摩擦力及惯性向前运动的影响。

（3）力度变形。即夸大某一个动作的力度。

（4）情绪变形。动画中的情绪并非现实中的情绪，应该具有夸张、变形、放大的特点。

5. 背景设计

（1）动画背景设计。首先要设计出全稿；其次要设计出总体风格和基本色调的色稿；最后设计出画面情节的分镜头背景稿。

其设计方法也是多样的：单层、多层、连片、拖片等。

（2）木偶布景设计。其内容包括：画面布景风格图、全片色彩总谱、分场景气氛图、制作尺寸及木偶路线图等。

第四节 影视广告动画制作

这里所讲的影视广告动画制作，是指传统手绘制作的动画(不包括三维动画)，主要有动画制作工具、流程、拍摄、合成。

一、工具

（1）绘制工具。一般使用硫酸纸，还有铅笔、色彩笔、动画专用颜料（特点是涂抹方便、色泽鲜艳、不易反光、低温保存），还有定位尺、赛璐珞透明胶片、透明胶片、玻璃、投影灯、摄影机、控制器、亚光喷剂和灯光等。

（2）逐格摄影机。这是一种拍摄动画的专用摄影机。它有逐格摄影和定片针装置，还具有逐格及连续拍摄、曝光、倒拍、作动画特技等功能。

二、绘制

1. 动画片的绘制

（1）定稿。在完成初稿后，确定全片的正式稿，即定稿。

（2）线条样片。是指将线条绘制的定稿，用黑白正片拍摄成样片，便于检验、修改。

（3）描线。把赛璐珞胶片和定稿后的动画稿合在一起套在定位器上，复描在赛璐珞胶片上。

（4）上色。完成描线后，在赛璐珞胶片的反面填上颜色。这个工序既可人工完成，也可扫描后在电脑中进行。

2. 木偶的制作

（1）关节木偶。即主要是靠关节活动产生动感的木偶。在造型完成后，用相应的材料做出木偶的躯干、四肢，再用银丝或金属关节器连接起来，加以脚针，支撑重心。

（2）连续动作木偶。是指可以连续拍摄的木偶。这类木偶大多不需逐格摄影，在正常的木偶表演时就可以拍摄。

三、拍摄

1. 动画拍摄

动画拍摄人员一般由导演、摄影师、字幕师、灯光师、摄影助理、特技师组成。

拍摄前先调整好摄影机、工作台和灯光等灯光多呈 45°角，防止反光。光线的强弱和色温可进行调节，如通过灰板、白板校正。

2. 木偶拍摄

木偶拍摄分为两种：

（1）逐格摄影。即每一幅画面逐一拍摄，最后连续放映还原成正常动作。

（2）连续拍摄。主要针对体线木偶、仗头木偶、布袋木偶、人偶的拍摄。

四、合成

（1）动画与特技合成。是指把拍摄好的样片，通过透镜合成设备逐格放映，再加上动画的画面，拍摄到同一底片上，形成新的动画画面。

（2）动画与实拍合成。主要是通过电脑在后期制作时完成。

使用这种手法，要注意在拍摄前的相互配合，否则后期将难以完成。

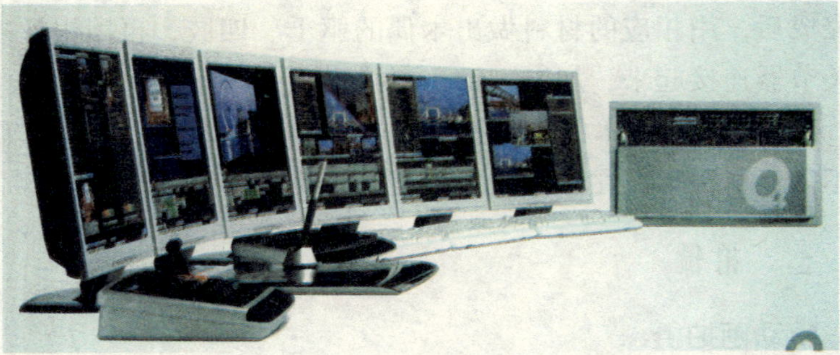

图 7-4 后期合成系统

第八章 影视广告布光

没有光的世界是一片漆黑，什么也看不见，影视艺术也不例外。在人类的视觉范围内，是光使人们能看到物体。然而，对于影视广告来说，只有普通的光也意义不大，因为它不能很好地用来造型，感染力不强。

影视广告布光就是专门研究怎样布置、处理、使用光线。要弄清光的性质、作用、特点等；还有各种光源的设备性能、使用方法、布光技巧等。

第一节 光的性质

一、光源

凡是发光的物体都叫光源。而影视广告布光所指的光源有两种：一是自然光，如日光、月光、星光；二是人工光源，如各种灯光、烛光、火炬等。光源在影视中既可以照亮别的物体，也可以是被摄对象，所以它具有双重性。不同的光源具有不同的特性。

1. 自然光

自然光，也就是太阳光、月光、星光，它具有独特的光源属性。它的光照范围大、普遍照度高、照明均匀等特点。它不受人为的意志控制，自然光受季节、时间、气候、地理等因素影响。

日光的变化是有一定的规律的。在早上、中午、傍晚和日出的时候，由于受地球自转的影响，太阳的照射角度随之变化，光照强度也不同：日出、日落时光照很弱，日出后逐渐变强，到中午时最强，午后逐渐转弱。在季节变化上，夏季日光最强，春、秋次之，冬季最弱。在地理环境变化上，高原、高空、沙漠、草场的光照较强。

日光，通过科学手段测定它的结构及光谱，它包含了红、橙、黄、绿、青、蓝、紫七种色彩的光。人眼能看见的光只是光谱中的一部分，大约是400~700毫微米的光线。这一段光是可以用普通摄影机拍摄的。在影视拍摄中要注意掌握日光的光照强度、角度、色温等变化规律。

图 8–1　自然光

2. 人工光

由人工制造的光源统称为人工光。影视广告中使用的光源非常复杂，故其性质也各异。经常使用的人工光源有聚光灯、散光灯、高色温灯、低色温灯等。既可以在摄影棚内作为主光源使用，也可在户外作辅助光源或主光源使用。

人工光源光照范围没有日光大，但使用非常方便。可以用它创作许多艺术效果，不受场地、季节、时间、气候、地理等因素影响，还可以随时调整色温和效果等优点。

在实际操作中，人工光源也可与自然光源混合使用，这就是所谓的“混合光”。这种光具有一些特殊效果，当然，在使用“混合光”时要注意色温的校正。

图 8–2　人工光

二、色温

1. 色温与光源

色温也称为光源色温，是指热辐射光源的光谱成分。当实际光源的光谱成分与完全辐射体（既不反射也不透射，能全部吸收落在它上面的辐射的黑体）在某一温度时的光谱成分一致时，就用完全辐射体的温度表示该光源的光谱成分。

色温可用符号 K 来表示。彩色摄影与色温的关系很大，直接影响到画面色彩的表现效果。色温随光源的不同而不同。

色温通常用高低来形容，是由光线中包含的不同波长光决定的。若长光波多，光线色度就偏黄，由橙到红，为低色温；含短光波多，光线色度就偏青，由蓝到紫，为高色温。从下列色温表中可以看出不同光源的色温。

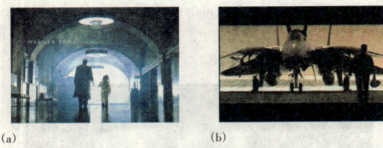

(a)

(b)

图 8-3 不同光源的色温

2. 色温与感光材料

由于光线色温不同，在摄影时所使用的胶片要求也不同。彩色胶片分为日光型和灯光型两种。日光型色温为 5500K；灯光型胶片色温为 3300K。人眼睛看 3300K 色温的光线是黄色的，但对灯光型彩色胶片来说却是白色的。灯光片只能在这种色温条件下使用，被摄物的色彩才能够得到真实的色彩还原，高于这个色温则偏蓝色，低于这个色温就偏黄色。

被摄物体与照明的光源，在色温和感光材料方面必须使色温一致。即日光片只能拍摄日光或相应色温下照明的景物。否则，色彩就会失真，严重偏色。如果在日光下使用灯光胶片，须加适当滤色镜，如雷登镜等。

在实际操作中，有时也有意用色温偏差来获得特殊效果。如用灯光彩色片，不使用滤色镜，在高色温照明条件下获得夜景的效果。

三、光源的属性

1. 软光源

软光源也称散射光源，是指发光面积大的光源发出的光线，照射在被摄物体上不产生明显的投影。其代表性的光源有天空光和通过柔化的人工光源，如排灯、磨砂玻璃灯，灯前有挡光纱、环境反射的散光等。

软光源的特点是：没有明显的投射方向；光线柔软，受光面与背光面过渡柔和；照明均匀，能用光调描绘对象的立体形态，层次丰富、细腻；对被摄物体形态的轮廓、变化刻画不够鲜明，对表面粗糙不平的质感和清晰度表达较弱。

图 8-4　软光源

2. 硬光源

硬光源也称为集中照射光源，是一种点状光源发出的光线。它可以在被照物体上产生清晰的投影，其代表光源有太阳光和聚光功能的照明灯具。硬光远的特点是：光线造型好、光感强，有明显的照射方向；受光面亮、明暗对比强并能形成阴影和投影；能有力表现出被照物体的形体状态、轮廓线条、表面质感；能显示出时空感；能构成各种影调形式和确定明暗配置。通常把它作为主光使用，也可作为修饰光。实际工作中常常利用硬光源表现清晰度要求高和须强调的部分，但容易形成光斑，不利于细节的表现。

图 8–5　硬光源

第二节 影视广告布光的作用与依据

一、布光的作用

在研究了光线的性质以后，我们进一步谈谈布光的作用，其总体有以下几点：

（1）照亮物体使胶片曝光或使摄像机记录下信号。在造型上能反映被摄对象的立体感、质感、轮廓、真实感和美感。显示对象的外形、体积、大小比例等。

（2）把注意力引导向特定的地方，突出重点，隐没其他部分。就像舞台上的聚光灯，角色在光照下格外突出。

（3）构成环境气氛。在表现上有渲染气氛、烘托主体的作用。在一定方式的布光状态下，可以营造出特定的环境。

（4）影响构图。布光能使物体之间产生联系，改变物体形状，突出某些线条，使画面物体形成协调的状态。

图 8-6 布光

二、布光依据

1. 依据影视广告创意的要求

在影视广告创意的要求范围内进行布光，不能脱离这一基调，确保创意精神的准确传达。

2. 依据生活中自然照明的效果

要给人以真实、自然的感觉，在模仿自然的基础上高于自然。寻找出最有视觉效果的场景进行布光。

3. 依据影片的风格样式的要求

一部影片为了形成统一的印象，就要调动相应的表现元素。做到形式服务于内容，进行风格化、样式化的光影造型。

(a)　　(b)

图 8–7　依据影视广告不同要求的布光

第三节 影视广告布光的特点与设计

从宏观上看，影视广告布光具有一般影视艺术布光的特征，都需要达到一定的照度、基本要求等。从微观上看，它又有与之不同的特点，它的商业化、通俗化与效性等在观念上、时空上和技术上都存在差异。

一、电影布光与电视布光的比较

由于电影和电视布光在造型观念、技术设备等方面的异同，形成了两者在布光中的相同与差异。在实际操作中应区别对待，从而达到最佳效果。

相同之处是电影和电视布光对光源的光效、色温、传色指数等要求是一致的。

不同之处首先是电影胶片和电视录像再现高亮范围不同。胶片的反差至少可达 100:1（6~7 档光圈可以调整）；录像带的反差为 30:1（只有 4~5 档光圈可以调整）。其次，录像对光源照度的要求比电影胶片要低，但对布光的均匀、柔和性要求要比电影要高。

当然，两者的情况也在不断地变化之中。电影技术中大孔径镜头、快速片及其他措施也能改善对光照要求，在低照度下也能拍摄；电视技术的改进，在一定程度上也能克服对光的柔和等方面的不足。

电视照明设备通常比电影灯具要小巧、轻便。而电影技术能很好利用自然光来拍摄，电视则稍逊一筹，尤其是电视会产生由勾边电路带来的生硬感。而电影胶片的记录的画面层次、色彩、质感更为丰富。

图 8–8　布光设计

二、影视广告布光的特点

1. 准确传达商品信息

影视广告是为商品服务的，这就要求广告布光也要站在这一角度来考虑问题，不能仅仅只追求视觉的“好看”。因为有时“好看”未必“有用”。在影视广告布光中，用什么光源、怎样布置、时间长短、光线强弱、光线的色彩与效果等，都要从有利于广告主题的表现。

2. 布光指向明确

影视广告的时间短暂，没有铺垫的机会，故在布光时应一步到位，准确明了。让观众一看就知道其用意并形成印象，不要含混不清或什么都是清楚的，光线平淡，削弱了重点的传达。

3. 布光手法灵活

通常影视剧的布光相对单一，而影视广告具有特殊性，它可以充分发挥想象力，拉开与生活真实的距离，既可以写实也可以写意，还可以夸张、虚幻等。

三、影视广告布光的设计

1. 光线设计

为了准确地表现广告创意中的人物、商品、场景、气氛等，在拍摄前要制定一个布光方案。光线的设计应以广告创意的要求、风格的需要等光效原则，通常有以下几方面的设计内容：

（1）光线性质设计。是指光源的属性，即是用硬光源还是软光源。如表现美容化妆品的广告就比较适合软光源；像汽车、摩托车之类力量型的产品就适宜用硬光源。

（2）光线方向设计。是指光源位置与拍摄方向之间所形成的光线照射角度。在拍摄中，光源角度发生改变，其效果就会相应变化。

①平光：光源、摄影机、被摄对象三者处在同一条轴线上，即光源从摄影机背面照向被摄对象。其特点是被摄对象各部位接受同等的光照，受光面积大；影调平淡、柔和，层次感较弱；方向性不强，容易与背景混合，看不到阴影；适合表现平面装饰性的画面，有“平涂”的效果，对柔化表面结构，利用散射光、顺光及多光源的均匀照明，效果更为明显。

②正侧光：也称“斜侧光”。光线投射在水平方向与摄影机镜头成 45 度角。这种光常用作塑型光。能在对象上形成一定明暗变化，可以很好地表现被摄体的形态、质感、光感及轮廓。有明暗区别，层次丰富，在运动中形成微弱的层次明暗变化，是一种表现力极强的布光设计。

图 8-9 布光设计：平光

图 8-10 布光设计：正侧光

③侧光：光线投射方向与摄影机位置成水平角 90 度。这种光线在被摄体上形成半明半暗的效果，有明显的暗面和投影。由于在同一光线和不同对象上有明显的对比，故对物体的形态有勾画作用。

侧光使被摄体受光部位显得突出，背光部凹陷下去，立体感强，色彩层次丰富。对物体表面结构的表现有利，再运动中可以产生色阶的变化，形成节奏感。此外，通过侧光在层次上的搭配，能更好地表现空间的深度。

图 8–11 布光设计：侧光

④侧逆光：也称反侧光。是指光线投射方向与摄影机拍摄方向水平角成 135~140 度。也有的称之为伦勃朗光（因荷兰画家伦勃朗多用此光效作画）。其特点是对象轮廓感强，形态立体。因对象大部分处在阴影之中，色阶较单一，轮廓明亮。

运用这种光线，能较好地表现大气透视效果。如群山、树林、建筑等。拍摄人物时常加以人工补光效果更佳。能构成丰富的层次，拉大透视距离感，表现纵深空间。

⑤逆光：也称“背景光”。指光源与拍摄位置成 180 度角时，来自被摄体后面的照明。即光源、被摄体、摄影机在同一轴线上。其特点是只能看见被摄体轮廓，层次分明，与背景明显区分

图 8-12　布光设计：侧逆光

开来；透视感强，色阶丰富。在拍摄远景、沙漠、森林时，能显出层次与气势。

在逆光下拍摄人物或半透明物体时，显示出极强的画面艺术效果。主体从背景中分离出来，轮廓光感强，色彩亮丽。

⑥顶光：光线从被摄体垂直上方照射，称为顶光。这种光线下，景物的水平面照度大，景物的亮度间距大，缺乏中间层次。在顶光下的人物会出现反常的效果。如人物额头发亮，眼窝发黑，鼻影下垂，颊首突出，两腮有阴影。

在拍摄中，通常对这种光要加以辅助光处理。如提高阴影处的亮度，减少光比。

⑦脚光：由下向上照明人物、景物的光线，其角度在 90 度左右。这种光多在特殊情况下使用，能产生异常变形的效果。通常被用在表现画面中的光源（如油灯、台灯、篝火等）的自然照明效果。

图 8–13 布光设计：逆光

图 8–14 布光设计：脚光

2. 整体与明暗画面色光设计

通常在照明灯前，加上不同颜色的灯光纸（也称色纸）而获得相应的色光。采用与胶片色温不同的灯光纸时，可获得不同色光照明的效果，可以用来模拟生活中不同的光照情景。如黄色灯光纸可以呈现黄昏的感觉；用蓝色灯光纸可展现月夜的景色；多种色纸同时照明，制造出幻觉或想象的状态等。

在同一景物的明暗面色光设计中，又可以分为：

（1）大反差。亮暗面色光对比强烈，构成色彩中互为补色的关系，如红与绿、橙与紫等。

（2）中反差。即色光对比适中，色相表现为近似色或同类色。如紫与绿、黄与蓝等。

（3）小反差。即色光的色相对比为同类色。形成柔和、平缓的效果。如红与黄、蓝与绿等。

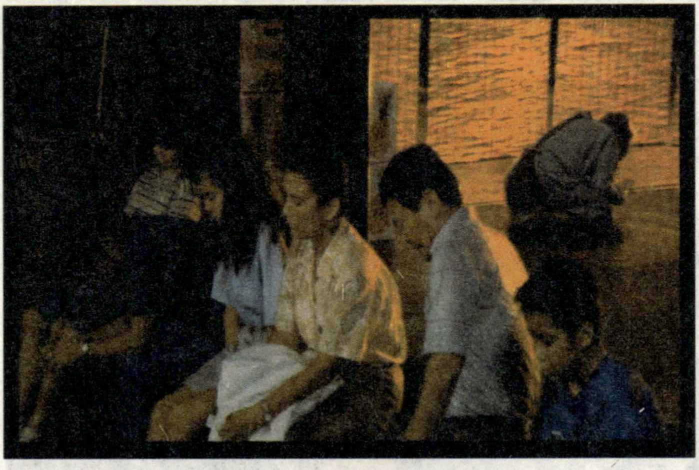

图 8-15　整体与明暗画面色光设计

3. 布光与图像质量

影视图像质量与布光照明有极其密切的关系。布光对图像画质的影响主要表现在图像清晰度、灰度、色度及电视图像的杂波（即图像信噪比）等方面。为准确表现彩色光，有三个基本参数：亮度（即明度）、色调和饱和度。亮度是作用人眼时的明亮程度。彩色光所含能量大则显得明亮；反之，则暗。它又与反射光的强弱有关。色调反映颜色的类别，与波长有关，它是彩色本质的基本参量，色调还与光源性质有关。饱和度是彩色光所呈现彩色的深浅程度（或浓度）。色调与饱和度合称色度，它既说明色光的颜色类别，又说明颜色的深浅程度。

人眼对彩色的分辨力，比对亮度的分辨力低。在同样照度下，能分清绿色细节时，对红、蓝细节往往分不清，而对黑白细节的分辨力则为 100%。因此，彩色电视系统在传送彩色图像时，细节部分可以只送黑白图像，而不全是彩色信号，这就是彩电的大面积着色原理。所以，布光直接影响到清晰度、色饱和度和图像质量。

图 8-16 布光对图像画质的影响

第四节 布光设备的性能与应用

一、典型灯具

无论是电影拍摄的布光，还是电视摄像的布光都涉及具体问题——布光设备（即灯具）。用于影视广告摄影（像）的灯具种类繁多，我们就一些典型的灯具进行研究。

1. 泛光灯

泛光灯的光源性质属于“软光源”，它能使照明光线变得柔和。它的光线是通过漫射发出的，逐渐扩散到整个场景。如敞开式泛光灯，可分为小型散光灯、泛光排灯、勺状散光灯、大型散光灯等。

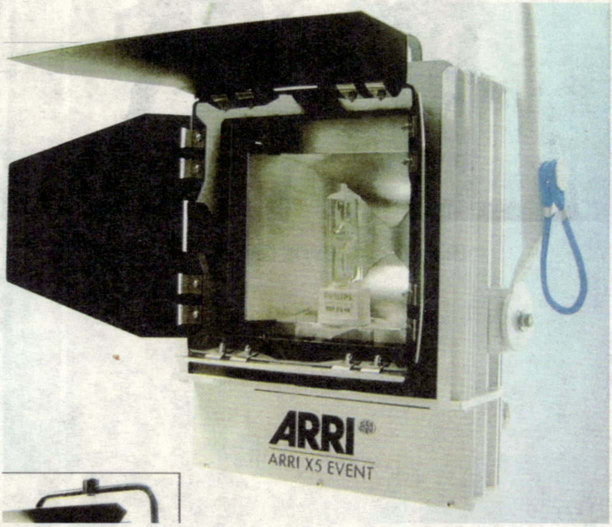

图 8–17 泛光灯

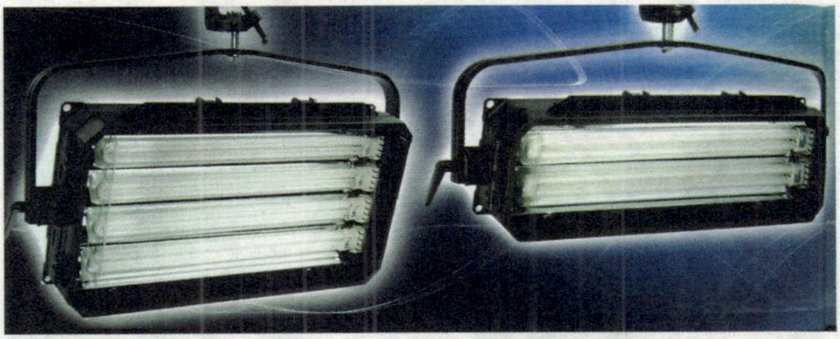

图 8–18 影棚型冷管灯

2. 聚光灯

聚光灯属于硬光源。为使影视画面中的形体界线分明、轮廓清晰、指向性强，常使用各种聚光灯。其工作原理主要是在灯具中的光源后面装有抛物状的反光镜，用来聚集并向前反射光线，使之最大限度地利用其辐射光，从而提高光源的发光总效率。如果光源位于反光镜的焦点上，发射的光线为平行光束，其光线的“硬度”最大。反之，光束或扩散，或聚集。

聚光灯又分为：无透镜聚光灯、外反光聚光灯、裸灯泡聚光灯、反光镜聚光灯、菲涅耳聚光灯、特殊用途聚光灯等。其中的菲涅耳聚光灯的光学系统设计较好，它能达到最大限度的光线控制。特殊用途聚光灯有两类：一是勾轮廓聚光灯，主要用来投射轮廓分明的局部（硬边）区域，光束形状可以改变；二是椭圆形聚光灯。它把透镜固定在椭圆形反光罩内的灯泡前，透镜可调整，能使光线集中在灯内的金属镂花板的图案上得到影像。这一图案影像可投射到背景上，产生斑斑驳驳的背景效果。

3. 追光灯

它是一种较大型的照明设备，用来照明特定的移动人物。其光斑大小可以调节，以适应人物的表演。

图 8-19 HMI 聚光灯

图 8-20 追光灯

二、光线控制

1. 光束形状控制

这是指限制照明光束的照射形状，通常用挡光板和大型挡光器两大类。

（1）挡光板。是纯黑色的大块板材，用来遮挡灯光，也可防止灯光照射到摄影机镜头里，产生眩光。

（2）架空挡光板。为防止逆光照射进摄影机镜头中，产生眩光而使用的挡光板。可架在支架上灵活的调整。

（3）挡光纱。其形状多为方形，质地为半透明、不同密度的耐高温编织物。既可用来作局部减弱光照和作柔化处理，使照射对象不致产生阴影和生硬的感觉，也能大面积使用达到同样效果。

（4）阴影模板。一种轻质材料（如泡沫板等）制成的不透明或半透明的轮廓模板。当光线照射在这个模板上时，通过的光线可以产生斑纹、阴影。阴影膜纸，是用耐高温的半透明纸，固定在灯具前，然后根据需要将纸戳成不规则小洞。当光线透过膜纸时，能产生变幻多端的阴影效果，由于膜纸的颜色不同而改变色彩，在影视广告的布光中经常使用，其效果极佳。

图 8–21 光束形状控制

2. 光线强度控制

除了可以对光线的形状控制，还能够对其照明强度进行控制。既可以对灯具的类型、功率控制，也可以通过机械或电气进行控制。

（1）机械控制：

①柔光控制。用一些材料，如玻璃纤维薄片、不锈钢丝网等作为控光器具，叫柔光器。把它置于灯具前，通过增加光线漫射，使光线柔和，达到对光线的控制的目的。这些柔光器与电器柔光器不同，在减少光线时并不改变灯光的色温。

②可变光阑控制。在聚光灯上，用可变光阑来控制光束分布范围（如在追光聚光灯中），根据光阑在光学中的位置调整灯光

强度。

（2）电气控制。是指采用电器和电子控制的自动调光器来控制光线强度。主要有以下几种：

①可控硅整流调光器。用可控硅半导体元器件，用定时的门脉冲电流来控制灯光的电流调光。它的体积小作用大。

②调光台。调光台基本上包括了成排的调光器控制滑动器或衰减器。可与电脑连接，编程后同时控制若干灯具，并可作多样的动态演示，是目前影视广告拍摄中使用最多的一种。

图 8-22　光线强度控制

3. 反光照明

使用一些表面反光率较高的材料，使光线反射到被摄物体上的照明方式。在光充足的外景地，反光板提供了无须用电力就能给暗部补充光亮的方法，使逆光处的暗部有适当的光比。在摄影棚里也大量使用反光板，以求得自然、柔和的反光效果。

严格地讲，任何高度反光的材料都可以作为反光材料用，但就其反射光的色彩和性质（硬光或软光）则决定反光面应有所选择。通常的反光材料有：镜面塑料板、镀银塑脂板、表面贴箔板、镀银卷帘、白色有机板、布面反光板、泡沫板和米菠萝板等。

从反射效果看，反光板表面凹凸不平（粒状、波纹状、螺纹状），它的反光比较分散，反射率较低。表面光洁其反射光就强，反射率就高。

在影视广告拍摄中，还经常用白色无光布、白帆布、白色聚苯乙烯反光板，这些反光板都可以获得较柔和的漫射效果。此外，还可以利用白墙或天花板用灯光照射，也能产生较好的反光效果。

图 8-23 反光照明

三、布光技巧与方法

1. 外景布光技巧

外景布光通常是把自然光与人工光结合使用，进行实景拍摄的布光。在自然光不能完全满足照明时，加以人工光源，以取得最佳效果。

（1）自然光的特征。自然光是一种变幻多端的光源，它随着所处地球纬度及季节、气候、时间等变化而变化。

其一，自然光的照明范围广、照度高、变化大。在户外，明亮的阳光产生粗犷的造型光亮和浓重的阴影，只有在离镜头最近的地方反射的光线才显得柔和一些；当太阳受大气层影响，如被云、雾、雨、霭等遮挡时，照度才大幅度下降，其照明投影和景物反差才减弱以至消失；地球自转不断改变太阳的投射角度，从0~90~180度，这时光线性质也发生改变，也改变光线造型的效果。

直接受阳光照射的物体，明暗交界分明、清晰有力、投影实在，投影效果不随景物距离的变化而改变，只有太阳的高度变化时才发生改变。

其二，自然光的色温变化十分显著。在日出时，光谱中的长波光增多，红里透着黄，太阳给景物涂上一层橙色，物体反射出现蓝光，色彩失真。其变化规律为：①阳光方向的改变。在赤道以北地区由东至南而西。②光线的性质不稳定。能产生出从平淡到明暗对比强烈的照明效果。③色温不稳定。色温随时间、气候和光照方向而改变。④光线分布不规则。一个物体可能在阴影中，一个物体可能在光线直射中。

（2）外景布光技巧。外景布光可以在白天（阳光下）、黄昏或夜晚。若在白天的阳光下，应尽量发挥阳光的作用。如果自然光不足时，可运用人工光或用大型反光板进行补光。

在阴天、黄昏和夜间布光时，可充分利用人工光的作用。如在黄昏时布光，为了取得很好的效果，可采用光线均匀、柔和、无影和光效高的外景散光灯，一般使用4000瓦以上的散光灯（镝灯）来照明。在较暗的阴天（或阴雨天）和夜间进行布光时，通常要用强光照明，常用6000瓦电影灯做主光，再加上几盏2000瓦以上的聚光灯作副光，才会有足够的表现力。

图 8-24 外景自然光

2. 棚内布光技巧

是指在摄影棚内使用人工光源，对人物、场景进行布光处理。棚内布光有很多有利的因素，不受天气变化因素的影响，可以有条不紊地进行拍摄，使用多种灯具布光。

由于棚内布光为多光源照明，也存在一些问题。容易造成多种投影、余光、暗光等。不同光源相互影响、干扰增多，对光的控制难度较大。多光源带来室内温度增高，对演员和一些特殊产品的拍摄不利。

在棚内拍摄应满足以下条件：①应有足够的照明强度；②表演区景物布光均匀；③具有恒定的色温。

3. 布光方法

客观地讲，影视广告的布光没有一个固定的方法，而且应该避免有的“万能法”布光，即所谓“三点式”甚至“一盏灯”的出现。从步骤上讲可分为以下几个步骤：

图 8-25　外景布光

图 8-26　棚内布光

（1）确定主光位置，对被摄主体作初步造型，以这个光作参照，依次布光。

（2）配以辅助光，用来弥补主光的不足，增强布光的完整性。

（3）加强空间感，区别主次与环境的层次。用轮廓光修饰、勾画，使主体突出、生动。

(4)交代环境、气氛和背景。用背景光处理（也称底子光），烘托气氛。

(5) 局部修饰。如人物的发光、眼神光，产品的局部、细节、质感等。

在实际操作中，通常布光不是一次到位完成的，而是反复试验、调整出来的。既可以一点一点地加强，一盏一盏灯地打开；也可以把全部灯都打开，然后根据需要作减法。

图 8-27　多层次布光

4. 特技布光的方法

在影视广告拍摄中，为了使画面产生特别的视觉效果，经常使用一些特技布光。尤其是表现一些非常壮观或具有光效的场景，如火光、闪光、背景光等。这些奇妙的光效都是在人工操作下制造出来的，这就离不开特技布光。下面就一些常用的特技布光方法作一介绍：

(1) 火光。模拟火光可以使画面产生热烈、激情及欢腾的气氛效果。布光时应注意既要真实可信，又要富有想象力，以写意为主，不要太写实。

特技布光的具体方法有：把转盘、烟雾或燃烧物放在前面来制造火光效果；用幻灯机或投影仪来投射火光画面；用火光闪烁棒来制造火光。当然，也可以使用三维动画来“做”出火光。

图 8-28　火光

（2）光束。这种就像通过窗户照射到较暗的房间内形成的光束一样，可以产生浓郁的、临场气氛。在外景就像透过树梢的光柱一样视效强烈的场景。

制造这种光效有三方面的要素：给现场铺一些烟雾；逆光的亮度一定要强；在光源上加上相应的色纸。当然，在拍摄时最好使用运动镜头，这样效果更佳。

（3）流动光效。它可以增强镜头画面的动感、激烈的气氛和光怪陆离的视效，具体做法为：

用小型球面镜在旋转中反射光亮，制造出各色流动光效，可以用一个或多个小型球面镜。

(a)　　(b)

图 8-29　光束

图 8-30　流动光效

(4) 频闪灯光。用电子闪光灯发出频闪灯光，在拍摄需要时进行闪光，这样在瞬间形成高曝光，对主体的突出极有效果。

(5) 闪电。模仿雷鸣电闪的效果。可用瞬间触发的氙弧灯，采用极快地打开遮挡光板或作频闪来表现。一般照度要在 2000 瓦以上灯光照明。其快慢可在现场操作，也可在后期作加帧或减帧来调整。

(6)投影图案。通常是在点光源前放置挖剪的镂空模板或模纸，制造出不规则影像。光源越小，离模板越远，投射出的阴影就越清晰；反之就越模糊。

图 8-31　投影图案

（7）波光反射。即模仿水面波光粼粼的光影效果。布光时既可借助波纹盘（装有水的盘子）进行反射布光，也可利用水池作大面积反射照明，从而制造出波光的效果。

图 8-32　波光反射

（8）“小太阳”。这是一种非常简便又极有画面感的光效。具体做法是用柔化处理的聚光灯，其光照按一定方向投射到背景上（通常是单色的背景），由于聚光灯的强光冲淡了一部分背景的颜色，形成一个边缘柔和的圆形或椭圆形，形似一个“小太阳”。

在拍摄取景时，既可取其全部，也可取其局部，用这样的“小太阳”做背景，人物或产品突出，空间感强，效果极佳。

图 8-33 小太阳

第九章　影视广告摄影

第一节　摄影的意义和作用

影视广告的发展，可谓日新月异，回顾历史，广告摄影从黑白胶片、彩色胶片到 VO 级 3/4 英寸磁带、Betacam 录像带、Digital Betacam；从 8mm、16mm、35mm、70mm 到数字高清；从发条摄影机、M3 型摄像机发展到了数字阿莱摄影机。

进入 21 世纪后，影视设备走向新的高度。宏观上有向数字化发展的趋势，在微观上出现了电影摄影电视化和电视技术的电影化，呈现互为补充、共同提高的状态。电影不再只是胶片一统天下，可以像电视那样——从拍摄、监视、中间片、放映等；电视也可以追求电影技术、效果，甚至连一些具体的配件都是使用的电影设备，磁转胶的技术广泛运用，电视电影日趋成熟。人类感受了摄影带来的快乐，广告从中看到了“钱”景。

工欲善其事，必先利其器。摄影在影视广告中发挥着重要的作用，摄影设备毕竟是将所有思想和形象记录下来的直接因素。这主要体现在：

（1）光线处理。即对光线的明暗强弱、明暗分布、明暗对比等光线的处理。使被摄体形体有别、层次有序及正确曝光，从而让影像记录下来，成为传播的原始图像。

（2）色彩处理。即处理被摄对象的色相、色度、色彩关系、色彩情绪及色彩变化等。

（3）构图处理。摄影师对通过对镜头的景别、方位、角度及摄影技巧的使用，可以把对象的特点以多种方式展示出来。使平淡的场景变得多姿多彩。

（4）运动处理。影视广告是动态的传达，摄影通过内部、外部的运动表现空间运动、空间位置、空间关系等。

第二节 摄影机原理与要素

电影能产生连续动作，使人们能看到各种运动的场景：飞驰的汽车、走动的人群及跑动的野兽……但是，单独看这些电影胶片，却都是一幅幅静止的画面。是什么神奇的力量让它们“复活”的呢，这就是本章要探讨的主题。

一、视知觉与心理作用

人类的视知觉在观察某一影像时，与生俱来的有一个奇特的现象：眼睛看见影像时，在视网膜上保留其影像的时间比实际的时间要稍长一些，可以保持大约十分之一秒的时间。被称为“视觉残留”。有了这种功能以后，视知觉就会把两个连续的影像混合成为一个，从而在两者之间形成一个平稳的过渡。

电影摄影机接二连三地记录下一系列相对静止的画面，这些被瞬间黑暗分隔开的影像放映在银幕上，人眼的“视觉残留”就会填补上这些“黑暗”，静止的影像在视知觉中连接起来，产生了“复活”的动态感。经过科学家的测试与研究，得出每秒钟翻动 24 幅画面以上，人的视知觉就会感到连续的动作，故电影摄影机胶片记录速度定位每秒 24 画格。

二、摄影机的工作原理

摄影机的工作原理是让来自被摄物体的光线，通过摄影机镜头聚集在胶片上的矩形面积上。每个矩形画面曝光后，光闸就遮断光线，摄影机上的抓片爪就将下一格胶片拉下来，并准确地固定在曝光的位置上，再重复上一个动作，这样就拍摄出了一格格画面。

为给摄影机曝光处不断供应未曝光的胶片，胶片进入和退出片槽的地方，都留有一个缓冲弯，它的作用就是在协调输片动作。这样，连续地拍摄影片就可以顺畅地往下进行了。

为了确保摄影机的拍摄精度，胶片定位要始终处于最佳的稳定状态，通常摄影机都有梭式间歇机构——定位针，胶片从一格转换到下一格时，先脱开定位针，向前移动，再套上下一格胶片上，这样就会得出稳定、清晰的影像。

三、摄影机的分类

电影摄影机是非常复杂、精密的机械。目前世界上只有少数厂家能够生产，通常有以下几类：

1. ARRICAM ST

它是ARRI公司号称最安静的现代同期声电影摄影机。ARRICAM ST以其低噪音和许多先进的功能而著名。电子叶子可调节反光叶子板，设计有多种基本功能和扩展模块，尤其是镜头控制系统首次应用于电影摄影机，可以读取和控制所有镜头信息。适合于要求较高的影视广告的拍摄。其主要技术指标有：

①胶片记录格式：35MM Film DIN 15501；②镜头接口：54MM PL；③转速：1-60fps（正转片速）、1-32fps（逆转片速）；④后焦距：51.98-0.01，有镜头数据接口；⑤反光叶子板：

0°to+180°电子调节；⑥附件：无线遥控系统。

图 9-1　ARRICAM ST

2. ARRIFLEX 435 Xtreme

435 Xtreme 摄影机其紧凑的结构和先进的功能，能够胜任电影拍摄、广告拍摄、MTV 拍摄，稳定器及特殊效果拍摄。其主要特点是：①无论普通型还是宽银幕取景器都具有高亮度特点；②从 0.1 到 150 格的速度范围；③视频辅助系统/IVS-2 可显示高清晰画面，同时还可以选择性显示机器所有的参数和拍摄信息，手动/自动彩色平衡及可预览慢速拍摄效果；④变速拍摄的过程可以实现快速和平稳，范围从 0.1 到 150 格连续；⑤单格拍摄系统/SFS 支持 4 齿孔或 3 齿孔拍摄，即使在叶子板关闭的状态下，仍然可以从取景器或视频监视器中看到正常的画面；⑥动作控制口/MCI 可连续动作控制系统/MCS，实现外围动作控制的同时可以单独对抓片机构、叶子板、单格器片门遮片的精确控制；⑦借助 ARRI 动作控制系统，在实际拍摄中实现精确的起、止动作及变速范围；⑧沿用 ARRICAM 的内置式镜头数据系统（LDS UP 镜头），助理的工作效率提高；⑨可外接目前大多数片盒及附件：400FT，1000 FT，稳定器片盒，100%视频接口，单格系统，动作控制接口，无线模块和镜头数据显示；⑩共用 ARRICAM 的大多数附件，模块化无线镜头控制系统/WLCS，无线遥控器/WRC-1 及跟焦装置遮光斗附件。

图 9-2 ARRIFLEX 435 Xtreme

3. ARRIFLEX 235

ARRIFLEX 235 是一款轻巧的 35MM MOS 摄影机，适合肩扛拍摄及遥控应用。其小巧的体积和卓越的性能胜过稳定器拍摄，在影视广告拍摄中，尤其适于拍摄汽车、摩托车、自行车跟拍，潜水、航空拍摄。

在技术性能方面，ARRIFLEX235 具有三大特点：体积小、重量轻、使用方便。可以使用各种附件：435 风格的光学取景器，超 35 格式，3 齿孔，高画质的视频辅助系统，400 尺片盒。变速范围正向走片 1–60fps，逆向走片 23.976–30 fps。

就像 ARRICAM 和 435 摄影机那样，235 高亮度光学镜取镜器可任意角度旋转。视频辅助系统的图像质量和功能与 ARRICAM 和 435 摄影机的一样。特别的光学设计使取景器到视频辅助系统相对独立，因此，从肩扛模式转换到斯坦尼康非常方便，不再需用 100%视频光学模块。

图 9–3 ARRIFLEX 235

4. ARRICAM Lite

这是 ARRI 最小最轻的现代同期声摄影机。ARRICAM Lite 特别适合要求轻负荷、小体积和操作自由的拍摄。如遥控拍摄、使用减震器或肩扛操作等，也适合于同期声摄影。在影视广告拍摄中，经常使用 ARRICAM Lite 来拍摄一些运动或动感强烈的镜头。

图 9-4 ARRICAM Lite

5. ARRI D-20

在 2003 年年初才面世的 D-20 是全新概念的数字摄影机。其功能基于关键的特殊设计 600 万像素 CMOS 芯片，图像画面相当于 35MM 格式的电影镜头。在使用习惯上有反光叶子板和光学取景器。

D-20 既拥有传统电影机的一些性能、特点，又具有数字化的优点。不仅克服了目前视频技术存在的缺陷，而且其电影镜头创造了优越的景深效果，为电影技术的革新创造了可能。

附件：①无线遥控系统：无线控制主单元（WMU-3）、通用马达控制器（UMC-3）、受限制镜头马达 2、助理用镜头资料显示器、无线跟焦单元（WFU-3）；②跟焦器 FF-5HD；③变焦主控制单元 ZMU-3。

图 9-5　ARRI-20

图 9-6　助理用镜头资料显示器

四、电影摄影机的构件与作用

电影摄影机虽然看上去非常复杂，但归纳起来不过是由机械、光学、电气三大主要部件组成，其构件与作用为：

1. 机械部分

（1）机身。起保护和支撑摄影机各个部件的作用。还可起到暗箱和隔声的作用，也是连接“机械、光学、电气”三大部件的部件。

（2）驱动机构。该机构有的位于机身内部，有的位于机身外侧或下部。分为发条和电动两种驱动形式。

（3）片门及抓片爪。在电影摄影机中，完全间歇输片任务是“抓片机构”。位于片槽下面，它的作用是抓片爪将胶片拉下使其曝光，并在曝光时固定在片门外。

（4）片盒。一个不透光的分隔空间，是储存胶片的部件。片盒的种类很多，有单腔双轴式、双腔双轴式、共腔式等。

（5）监视构件。摄影机上装有监视构件，来观察和显示摄影机各部分的工作情况。这些监视机构包括：频率器，摄影机工作频率的仪表，计片器，指示摄影机片盒内未曝光或已曝光胶片长度的指示器，保险装置。当摄影机出现故障时，保险装置会自动切断马达电源，使摄影机停机，以免损坏摄影机部件。

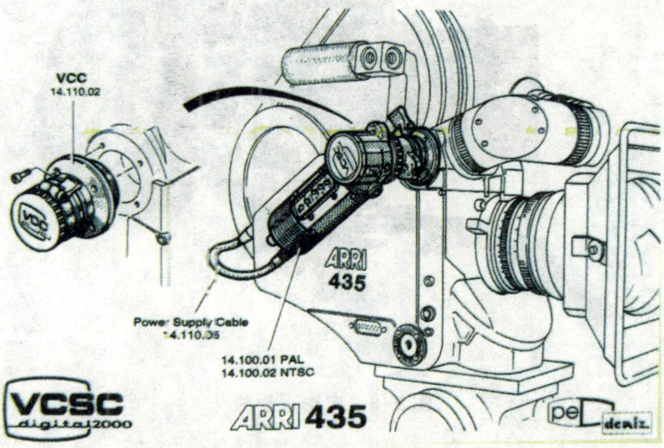

图 9–7　电影摄影机的构件

2. 光学部分

（1）光闸。也称为遮光器或叶子板，是机身里位于摄影镜头和片窗之间的装置。光闸是在每两次连续曝光之间遮断通向胶片的光线。

（2）取景器。让摄影师通过它能看到所拍的画面。取景器分为两种：直接取景器和旁侧取景器。

（3）镜头就像摄影机的眼睛。主要种类有：标准镜、广角镜、鱼眼镜、定焦镜、变焦镜等。

3. 电路部分

（1）电动机。目前广告摄影绝大部分都使用电动机驱动。因为电动机有比发条式力矩大，转速稳定，驱动时间长等优点。

（2）电源。可分为直流电源和交流电源两种。在影视广告拍摄中多使用充电式电池。

图 9-8　电影摄影机

五、电视摄像机

图 9-9 SONY HDW-F900R

1. SONY HDW-F900R

HDW-F900R 是 SONY 公司推出的，将高清数字影像以 24 帧/秒记录到数字录像带上的摄像机，成为电视摄像电影化的信号。这个新的系统概念，是基于影视制作人对制作高精确特技场景，创作针对电影院和电视放映的影视广告而问世的。

这款摄像机具有许多增强的功能。可以录制 CIF（普通影像格式）标准影像。还可切换成 25P、29.97P 逐行扫描记录。增强了 Gamma 和比色法控制、图像缓存卡、2-3 下拉和下变换板、慢快门板等。常作为影视广告、纪录片及电视电影摄像机来使用，可以取得较好的电影效果。其主要性能特点表现在：

（1）剧场影像动作记录。迄今为止胶片与视频的最大区别在于所有胶片摄影机都是对连续的静止影像进行曝光（每秒钟 24 格），在放映时对动作进行有效的再现。由于胶片在逐帧的转换中所需的时间，一半动作没有被记录而使素材包含特有的轨迹。

然而，许多数字摄像机记录的隔行影像，是两个场景构成一幅画面。使得全部动作可以覆盖，从而使动作的描绘比低帧频胶片影像更为平滑。HDW-F900R 设置为 24 帧频并使用 1/48 秒快门时，其捕捉影像的方式与电影胶片机的动作轨迹一样，这样就获得了一定程度的影院效果。

（2）影像制作工艺。其核心技术的逐行扫描 CCD 传感器提供 2000Lux 的 f10 感光度，从而实现无噪波和颗粒感的图像。当帧频为 24 帧/秒，快门速度为 1/48 秒时（相当于 180 度胶片摄像机的快门速度），其曝光指数基本符合 300ISO。允许在场景中的深色阴影区域，捕获无须增益的影像。对强光的处理，也扩大了曝光的范围，在拍摄低调场景中的极强光时，可以实现生动的自由度，层次更为丰富。

（3）新的人体工程技术。主要体现在借鉴了一些电影摄影机的设计理念及附加设备上。如平稳、平衡、方便及镜头、指示、开关、控制系统等。使拍摄时能找到电影摄影的感觉。

图 9-10　Panasonic AJ-HDC27H

2. Panasonic AJ-HDC27H

这是 Panasonic 设计的可变帧高清摄录一体机，与 SONY HDW-F900R 有异曲同工之效。主要有两大关键功能——电影伽玛曲线和可变帧频。适用于影视广告、高清影院电影等。其主要特点为：①利用帧变频变换速度效果。②用于简化录制/编辑伽玛校正器。以电影伽玛（F.Rec）模式录制的图像在比度方面单调而平淡，这类似于直接低片转正片。这创造了优质的胶片效果，但难以在电视监视器上审查图像。有了高清伽玛校正器就带来了方便性。③多种可变帧内容。电影胶片、高清影院、电视广告应用等。④对电影技术、附件的使用。

图 9-11 SONY HDW-730S

3. SONY HDW-730S

SONY HDW-730S 高清数字摄像机是基于 SONI HAD CCD 技术，及 Power HAD CCD 的片上透镜结构；1920×1080 CIF 的成像装置。2/3 英寸 2.2 百万像素 IT 型 CCD。灵敏度极高，达到 f10

最低照度 0.003Lux，垂直拖尾电平达到-125dB，可以使快门速度降低到 64 帧。设有多种监看插口和镜头数据处理、快速设置等功能。是一款方便、灵敏的电视广告摄像机。

第三节 影像与影调控制

影像与影调控制包括对电影胶片和各种滤光镜的控制。

一、胶片的控制

1. 胶片的结构与原理

胶片大多由三个层面构成。即乳剂层、片基层、防光晕层。

第一层——乳剂层。是由悬浮在胶液里的卤化银等感光材料构成。

第二层——片基层。乳剂依靠一种黏合剂粘在一个坚实、有韧性的支撑物——片基上。片基材料多是由聚酯或醋酸纤维及合成片基构成。

第三层——防光晕层。当强光通过乳剂在片基散射时，从胶片背面会反射回乳剂层，使其再次曝光，这就是光晕。为防止这一现象出现，胶片在乳剂层中加了防光晕层，用来吸收散射光。

2. 宽容度

它是指胶片以密度按比例记录景物亮度范围的能力。通常用 L 表示。如果曝光不足或曝光过度，超过了胶片的宽容度，就会出现阴影区或强光区，表现不出景物的细节部分，影像层次会受到压缩，使正片缺乏层次感。彩色胶片的曝光范围约分为七个级别，反转片分为五至六级。在拍摄时，彩色胶片可容许有一级或一级半的曝光不足，两极或两三级的曝光过度；反转片只能有一级的宽容度。

3. 感光度

它是指胶片对光的敏感程度。一般用 ASA 或 DIN 来表示。

中等速度的乳剂定额感光度为 ASA100。ASA40 以下属低速片；ASA400 以上为高速片。其特点是：低速片要求光照强，成像颗粒细；高速片对光照要求低，颗粒粗。

4. 清晰度

它是指影像上各细部影纹及其边界的清晰程度，清晰度越高，影像边界越分明。衡量胶片的清晰度，可用物理方法测量，如解像度、锐度、模量传递函数（MTF）、颗粒度等。

5. 胶片的选择

在影视广告拍摄中，大多数选择负片来拍摄，因为它比反转片宽容度大，混合色温问题较少，也便于冲洗。根据拍摄的需要，来决定是用快片还是慢片，用什么乳剂型号、时间的胶片。

通常情况下，选择中性的生胶片。如美国依斯曼柯达公司生产的胶片 5248.64/19 度等，其各方面技术指标都比较良好。

在胶片的选择时，还要考虑到色温转换及冲洗问题。彩色胶片有灯光型、日光型两种。一般是日光下用日光型胶片，灯光下用灯光型胶片。若在日光和钨丝灯光两种照明下拍摄，则应选灯光型胶片，可通过雷登镜加以色温转换。如雷登 85（A 或 B），以达到色温平衡。

此外，还应注意胶片的包装、标识及保管等。如片芯和片盘，35 毫米的胶片安装在片盘上，多数胶片长度较短（200 英尺居多）。

胶片的储存铁盒是用防潮胶带密封的，片芯装的胶片包有不透光的黑色塑料袋，不要轻易打开。它们的标识（分片边标识和片盒标识），生产厂家用暗码在胶片边上印有潜影，注明了生产厂家名称、胶片名、乳剂号等标记。

胶片的保存也非常重要。未经冲洗的胶片随着时间的推移会发生质量变化，感光度、色彩度降低，色彩位移，灰雾增多，还会改变胶片的物理尺寸和性能，如胶片变脆、收缩和脱胶等。为保存好胶片，必须做到：低温保存（通常摄氏 0~5 度）、防潮、防 X 射线、防静电等，否则，会出现斑点和灰雾增大等不良现象。为保万无一失，最好在拍摄前先做一次实验片。

二、滤光镜的控制

1. 光与色的控制

在影视领域中的色彩，如果红色、绿色、蓝色混合，就成为白色。色混合原理为：

红 + 绿 + 蓝 = 白

绿 + 蓝 = 青

蓝 + 红 = 品红

青 = 蓝 + 绿 = 白 − 红

黄 = 红 + 绿 = 白 − 蓝

2. 滤光镜的分类与作用

滤光镜是一种可以转换或调整色光的镜片，也能产生一些特殊的视觉效果，所以，在影视广告中广泛使用。

（1）滤光镜的分类。

①按色彩来划分，可分为：黄、橙、红、反差、效果、单色滤光镜；

②按效果来分，可分为：雷登镜、柔光镜、天光镜、星光镜、彩虹镜、变形镜、偏振镜等；

③按材料划分，可分为：明胶、明胶与玻璃夹层、有色玻璃、有机玻璃、有色染色玻璃滤光镜。

（2）滤光镜的作用。滤光镜可以使色彩或色温转换。如在日光下用灯光片拍摄，就要用雷登镜进行色温转化。在日光下用日光片也要加上 UV（天光）滤光镜，以防止紫外线对胶片色彩的影响。偏振镜可减少天空的偏振光；柔光镜能对影像进行柔化处理，产生朦胧之美；星光镜可把光点分成四线、六线和八线星光，还可以旋转，产生特殊效果。

三、曝光量的控制

影视广告摄影中影响画面的成像效果，关键因素之一就是对曝光的控制。如果曝光过度，胶片上的乳剂薄而透明，画面发白；反之，就会变暗。

1. 入射光的控制

在入射光过强而又无法控制光源时，就要减少曝光量或收小光圈、缩短曝光速度等。具体操作可根据测光表来判断，通常是以被摄主体关键部位来测光和决定曝光量。

2. 曝光与被摄物的反射率

被摄体的曝光量不完全取决于入射光，也与被摄物本身的反射率相关，即被摄物的颜色深浅和表面质地等。如一个深色、粗糙而有纹理的物体，就比浅色、表面光滑的物体反射光要少。就像一件毛衣和一只花瓶一样，两者在同一光源下，其曝光量是不一样的。

3. 特殊条件的曝光

（1）逆光。逆光是摄影机正前方的强光源。如在室内对着明亮的窗户拍摄，镜头眩光很容易进入镜头中。这种漫反射光会使胶片产生灰雾，影响色饱和度、清晰度等，在此情况下就要采取相应的手法控制（特殊情况除外）。如用挡光板遮住眩光、曝光补偿或收小半档光圈等。

（2）雪景或沙滩。阳光下的雪景和沙滩会产生强烈的反射

图 9–12　逆光

光。在这种情况下，很容易造成曝光过度或平淡的状况，在拍摄时尽量靠近人物拍摄，或进行逆光处补光，或收小光圈等。

（3）夜景。较大场面的夜景，通常可见的光源是霓虹灯、商店灯光、路灯、车灯等，其余是一片黑暗。这时拍摄的用高感光度的快速片拍摄，也可根据情况进行照明补光，还可以采取夜景昼拍法，加上蓝色滤光镜在白天拍摄。

（4）日出与日落。日出与日落这一时段，光线变化最快，有朝阳或晚霞的时候场景最为壮观。光线反差大，暗部层次少，景物细部不清，明亮部分层次较多，色调偏暖。当太阳接近地平线

图 9-13 雪景

图 9-14 夜景昼拍

时，太阳的亮度与周围的天空亮度比较接近，在曝光时既可依照太阳的光值进行曝光，也可取其中间值。

通常在拍日出与日落时，要提前进行准备，拍摄时也尽量提前曝光，以确保拍摄的画面，尤其是亮部（天空）在胶片曝光时有足够的密度，更加清晰而层次丰富。

图 9-15　日落

第四节　影视广告摄影技巧与操作要素

对要求较高的影视广告，大多数是采用电影拍摄的设备与技术进行的。这当中既有广告与电影拍摄的共性，也有广告拍摄的特性。广告拍摄不仅在表现观念方面有差异，在具体拍摄技巧等方面也有所不同。

一、摄影技巧

1. 固定拍摄

固定拍摄是将摄影机和支架固定在确定的地方，以固定的角度和方向进行拍摄。其特点是：画面稳定、清晰，不会出现抖动的现象；观众的视线在画面上停留、游动的相对时间长，有利于看清画面的内容；容易产生单调、呆板的感觉。

固定拍摄仍可以从拍摄方向、位置、角度上进行变化。既可正拍也可反拍；既可有近景也可有中景、特写等。可以在机位或镜头内部运动等方面变化。

图 9-16 固定拍摄

(a) (b)

图 9-17 固定拍摄的变化

2. 运动拍摄

这是指不断地变动摄影机在拍摄过程中的方向、位置、角度。其特点是：镜头画面中的背景或前景位置不断变化；被摄体角度、方位、速度发生改变；画面镜头感强，动感实足，吸引力强；成像受到一定影响，观众对画面上的影像不易看清楚等。

运动拍摄要考虑到广告的需要，后期的剪辑等因素。切忌为运动而运动，其结果增强了效果，减弱了销售力。

常用的运动拍摄的技巧有：

（1）摇摄。摄影机位置不动，只有机身作上下、左右、旋转等运动。摇摄的方向既可与被摄体运动相同，也可与之相反。画面均能呈现动态构图，以展示空间环境。

摇摄的形式有：全景摇摄、间歇摇摄、快速摇摄（即甩镜头）、闪摇、斜线摇等。

（2）移动摄影。也称移。摄影机随支撑体沿水平面做多方向移动的摄影。被摄物呈相对静态时，摄影机移动，使景物从画面中划过，形成巡视或展示的视觉效果；被摄体动态时，移动摄影形成跟随的视觉效果；随被摄物方向移动还可造成特殊的情绪和气氛。

移动摄影主要是借助于铺设移动轨或其他移动工具，如飞机、火车、汽车、船只等。还可使用斯坦尼康人工移动拍摄。在移动摄影时应注意：一是要平稳，匀速移动，不要抖动；二是利用前景造成动感；三是落幅要准确。

(a)

(b)

图 9-18 移动摄影

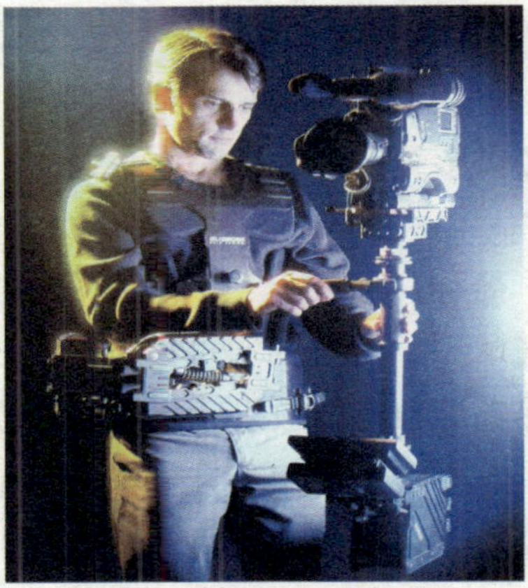

图 9-19 稳定拍摄器

（3）升降摄影。也称“升降”。是指整个摄影机作上下运动拍摄。这是一种多视点表现场景和空间的运动拍摄方式。其升降变化有：垂直升降、弧线升降、斜线升降和不规则升降等。在升降拍摄时也要注意“稳”、“匀”、“准”及前景的利用。大幅度地升降可运用如直升机、电梯、吊车等。利用电脑控制的升降摇臂效果更佳，它可实现许多特技功能。

图 9-20　升降车

（4）特殊摄影。特殊摄影有别于普通摄影和特技摄影。一是摄影机特殊，如高速摄影机、水下摄影机等；二是拍摄手段特殊，如延时摄影、间歇摄影等；三是光源特殊，如红外线摄影、紫外线摄影、X 光摄影等；四是拍摄对象特殊，如显微摄影、微距摄影等。

①航空摄影。简称“航拍”。是借助飞行器在空中拍摄，如飞机、飞艇、热气球等。航空摄影可以创造出宏大的气势、辽阔的视野、自由的感觉等独特的效果，在影视广告中经常使用。

在实际操作中，通常是使用直升机来完成航拍任务。直升机体积较小、起降灵活、可以旋停、可超低空飞行及在山沟峡谷中穿行等优点。当然，也存在一些问题。如航程较短、抖动大，一般要加装稳定器才能拍摄，低空航拍时旋翼产生的向下气流强大，有时会影响到被摄主体。难以用变焦镜头拍摄，故通常用广角镜拍摄，让飞机靠近被摄体实现近景拍摄，但难度极大。一般直升机只能在机身侧面拍摄（专用航拍直升机可向前、向下及两侧拍摄），有一定的限制。

为了解决直升机航拍最大的问题——抖动，还有其他一些方法，如改用大型固定翼飞机、飞艇或热气球；将电影摄影机转速升格至 32~48 格/秒或更高的频率下拍摄等。

航拍时还要解决很多问题。为了减少高空的蓝色，可用雷登 85B 滤色镜；若飞机朝一个方向飞行，可用偏振光滤色镜来改善反差。此外，还有顺光俯拍时飞机的头影穿帮；地面表演区与机上联络、安全问题及气象、空管等问题。

(a) (b)

图 9-21 航空摄影

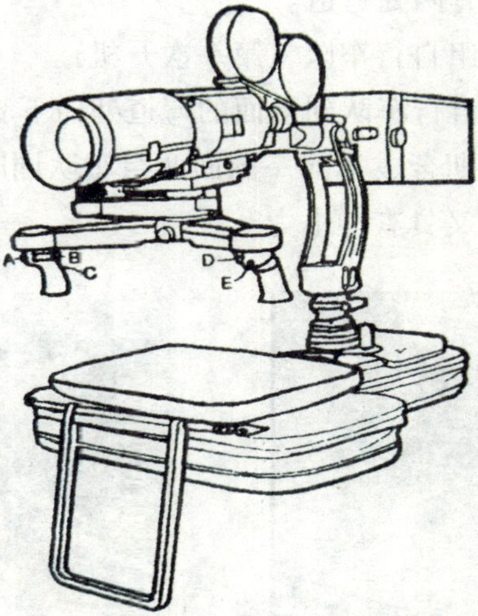

图 9-22 防震垫

②水下摄影。是指摄影师潜入水下，通过水介质拍摄水中的物体。首先是放水问题，通常是水下摄影机来拍摄。其次是水的折射作用，因此会产生曲折现象，引起散像、色差、慧差和枕形失真等。若有必要，可安装穹形聚光镜来改善这种现象。

在水下看物体有放大的作用，水下放大率为33.33，改变了真实的比例。因此，最好用广角镜来拍摄为好。

（5）特技摄影。是指用一些特殊的摄影技巧的方法。在摄影阶段，有许多通过改变技术方面的手法，可以达到一些特别的效果。如倒拍、停机再拍、逐格摄影、间歇摄影、升格、降格等；还可以使用模型、绘画、图片、抠像合成、活动遮片、拉片等。

①停机再拍。在选定某一场景画面时，先将摄影机固定在某一位置与方向，然后对被摄体进行拍摄，根据内容的要求停止拍摄。将场镜中的物体移走或移入，或作必要的变更、调整、重组等。之后重新开机拍摄。

图 9-23 这组画面就是停机再拍的影视广告摄影：

(a) 场景中有两处弯道。

(b) 只有一组自行车队（第一次开机）。

(c) 停机后自行车队到上面的弯道处向下骑（第二次开机）。

(d) 通过后期合成为同一画面两组车队同时运动。既增加了画面中的人数，又具有冲击力。

(a)

(b)

(c)

(d)

图 9–23 停机再拍

②抠像合成。也称活动遮片或蓝背景法。在拍摄角色时，用蓝色做他的背景（角色本人不能有蓝色），然后单独拍摄别的画面来替掉原来的蓝背景，最后出现角色在单独拍摄的画面里。例如我们熟悉的电影《超人》，超人上天入地的画面就是这样拍摄、合成的。

具体工作步骤：一是素材的准备：根据你需要的背景画面（录像、图片、模型等），预留好前景所要插入画面人物的位置。二是选择好背景：拍摄角色时的背景，即准备要抠掉的范围。通常是蓝色居多（别的色彩都可以），注意角色的色彩不能与背景色相同，否则一同会被抠掉。照明要均匀，不然会出现毛边。三是抠像合成：去掉角色的蓝色背景，将没有背景的角色与素材作为背景合成，形成合二为一的新组合。

③模型摄影。即用模型来代替实景拍摄的方法。既可以假乱真，又能节约成本或代替实景中无法达到的效果。

(a1)

(a2)

(b1)

(b2)

(c1)

(c2)

图 9-24 抠像合成

二、摄影的操作要求

1. 平

即摄影机（画面）要求保持水平，不能倾斜（特殊要求的除外），否则画面中的垂直物会出现倾斜，如地平线、建筑物、树木等，不符合常态。尤其是在手持摄影机时，容易出现这种情况。

2. 稳

即摄影机在移动中不晃不抖。如果出现抖动，会使观众看起来很难受，甚至误解其内容。

3. 准

在排摄时画面构图、起幅和落幅，要准确无误，不要有所犹豫。

4. 匀

无论是摄影机的外部运动或是镜头内部运动，都要保持运动的均匀。不要忽快忽慢，突然改变运动状态。为了实现这一目的，既可以采取借助外在设备来改善，也可以使用一些方法来实现。如稳定器、适当推迟停机等。

5. 变

由于影视广告的特性所致，要求多视角、多时空、多属性、多状态地变化拍摄，以达到在短时间内多传达信息。

图 9–25　影视广告的变化拍摄

第十章 影视广告音响

第一节 音响的意义

一、意义

音响是影视广告的听觉语言，它与画面共同构成影视广告的传播。据科学考证，人的视觉一般不能同时看到60度以上的空间，而听觉却能够同时听见来自任何方位的声音。在实际生活中，即使观众离开电视机，还是能听到电视的声音。

音响与画面两者是有机结合的关系。它们相互作用的关系，就像剪刀的两个刀片，不能说哪一个重要，哪一个不重要。

音响能调动画面的情绪及延展接受空间。音响能够使画面的情绪鲜活起来，增强影视广告的感染力和想象力。有“余音袅袅”之意。

二、构成

音响是指影视传播中，观众能从影片中听到的各种声音的统称。从影视专业制作的角度看，通常可以将音响划分为：解说、动效声和音乐三个部分。

1. 解说

影视片中对解说词的朗读。解说一般分为旁白和对白两种。旁白是属于画外音，是画面以外的解说；对白是画内音，是画内的对话。

解说是对画面及内容的强调与说明。影视广告解说词一般不宜太多，而是应该画龙点睛，言简意赅。使用的语言、用词也应通俗易懂。

解说应风格化。影视广告的特性就是它的商业性，要让观众记住广告的商品。只有具备独特的风格，才最有利于观众的识别、记忆。解说的语气、嗓音、语感、语速及韵味等，都应有号召力。

需要使用什么样的解说风格，主要是取决于广告内容与受众的需求。如是用男声还是女声，亲切、自然还是豪迈、雄壮。是标准化语言，还是乡音俚语，都要"对症下药"。

此外，在解说词的撰写及朗读时，都要把握好解说词与解说中时间的因素，据测定，通常一秒钟之内最好读三四个字为佳，超出这个范围就违背了人类听觉的规律。广告解说太快或太慢都不自然，应把稳好其中的分寸。

2. 动效声

对应镜头画面环境和动作产生的声音称为动效声。它可以增强画面的真实感和视听效果。也是表达广告内容的一个环节。从技术上可分为：同期声、效果声和模拟声三种形式。

（1）同期声。是指与画面相关空间（包括画内空间和画外空间）内的同步发生、协调一致的声音。如画中人物走路的脚步声等。

（2）效果声。从宏观上看，与画面基本合拍的声音。它不一定与画面的动作有精确的对位关系，如街道上的嘈杂声等。

(3) 模拟动效声。由人工模仿出某种声音的效果就叫模拟动效声。如枪战、风、雨、雷声等。

3. 音乐

即影视广告的配乐．它与我们平时所说的音乐有所不同，它既可是完整的乐曲，也可是一断节奏或效果音乐，还可以是一些配器声。

第二节 影视广告音乐的特性与作用

一、特性

1. 吸引力

影视广告音乐它不是为了让人们来欣赏音乐，而是为了推销产品，是一种商业文化的范畴。吸引力是其首要特性。影视广告常常借用或优美或怪异的配乐，来激发观众对商品的认知。

2. 记忆度

富于特点的音乐是很容易被观众接受的，它几乎不受年龄、性别、文化程度的影响，而且极其便于传唱并流行开来。如果一旦形成记忆，有的是终生难忘。即便是孩童时学过的歌曲，许多年以后仍然会唱。

二、作用

1. 增强广告气氛和协调广告结构

音乐对广告的画面气氛起到烘托、渲染作用。为此来调动观众的情绪，增加听觉对视觉的通感作用。此外，在影视广告的结构中，音乐还能发挥对画面的起、承、转、合之效。当不同的画面出现时，为了协调广告内容与形式上的关系，也靠音乐作为“黏合剂”，形成统一传达的广告效果，否则有时会给人感觉莫名其妙或不自然。

2. 增强影视广告的传播力

音乐对广告的传播力主要体现在内部传播与外部传播两个方面。一方面在广告片里对画面增色、传达画面无法表达的情绪、想象等。另一方面是它有着广泛扩散性。由于音乐本身具有娱乐性，而广告歌曲非常便于传唱，只要流行起来，即使不看广告，也有成千上万的人在义务做广告宣传，极大地增强了广告的传播力度与范围。

例如：当年那首“敌杀死”广告歌，一开始是小孩唱，后来不分年龄，大人、小孩都传唱。再后来是公众媒体又加入评说，成为广为流传的“公共话题”，这主要就是音乐的“魔力”。

第三节　影视广告音乐的创作

一、影视广告音乐的创作原则

虽然影视广告音乐的创作大多是个性化的表现，每一个广告都有所不同，但是在创作上还是有章可循的。其创作原则主要有以下几个方面。

1. 通俗化

通俗化的作品是最容易被广大普通观众接受的。绝大多数人对通俗的艺术都是喜闻乐见的，不管他们文化程度的高低、年龄的长幼。通俗音乐通常是浅显易懂、轻松活泼、流行时尚的。有的观众觉得通俗音乐离他们的生活很近，有亲切感；有人平时工作压力很大，在广告中获得轻松娱乐也能接受；有人觉得通俗音乐便于模仿，可以自娱自乐等。此外，由于社会对广告的“俗”有一定的宽容度，对它的限制相对较少，这有利于广告音乐“通俗化”传播。

2. 新奇化

好奇是人类的天性。众所周知，司空见惯的东西不易被人注意，只有新奇、独特的事物才会引起人们的好奇心。在广告音乐的创作中，只有新颖、奇特的音响才能在众多广告信息中脱颖而出，才能出奇制胜。

3. 本土化

即广告音乐与当地文化结合做到“入乡随俗”。这个“乡”可能是一个国家或地区，也可能是一个城市；这个“俗”可能是一种价值观，一个时尚潮流或民风民俗等。在传播中与其逆水行舟，不如顺水推舟省时省力，“就熟说生”比“另起炉灶”要高明得多。否则就会“水土不服”，使广告效果大打折扣。

4. 歌词要浅显易懂

有的广告是歌曲型影视广告，常配有歌词，广告歌词受到多种因素的限制，因此，只有浅显才能易懂。广告歌曲可以说是“时间短，任务重”，没有铺垫的机会，在表达上避免“俗”而不雅。

歌词创作还应注意一些技术上的问题。如“倒字”现象。“倒字”是音乐学中的术语，即唱出来的歌词使听众产生歧义。如“相聚在彩屏前”，而听众容易误解为“相聚在太平间”等。

为了避免这类问题的出现，还可以用字幕的形式来显示歌词。

二、影视广告音乐的类型

1. 从结构上分

（1）片头音乐，就是开场音乐。它是一开始能否抓住观众的关键。片头音乐可以像引子、问号、感叹号等，先入为主，精彩亮相。

（2）片尾音乐，即是广告音乐的结尾。是对整个乐曲的“压轴之作”，虽然短小，若做到惊鸿一瞥，就会让观众产生共鸣和回味。

（3）标版音乐。这是我国比较独特的一种，通常在5秒钟之内的广告中出现。也称“定版音乐”。在极短的时间内赋予画面一个标志性的符号。

2. 从音乐的表现性质分

（1）抒情性音乐。即抒发人物内在的感情的音乐。在故事型、生活片段型影视广告中经常使用。它能刻画人物内心世界的活动，揭示内心的寄托，闪回情感记忆，造成人物情感高潮或情绪上的缓和等。还能直接推动剧情发展，增强真实感。

（2）描绘性音乐。运用音乐的手段对镜头画面中的事物、场景、细节进行暗示或明示、说明等。使情节更容易向创作者规定的方向发展。

（3）喜剧性音乐。为剧情创造出喜庆、诙谐、逗人发笑的色彩。以此来增强亲和力，经常使用一些特殊乐器或特殊演奏方式来表现。

（4）气氛音乐。它不求传达什么主题，而是制造出一种氛围或基调的音乐。与画面共同渲染、展示出特定的情绪。

此外，还有说明性音乐、色彩性音乐、幻想性音乐、效果性音乐、模拟性音乐等。

3. 从风格分

（1）民族音乐。

（2）通俗音乐。

（3）戏曲音乐。

第四节　音乐表现与音画关系

一、音乐表现

（1）传统式。是指按照作曲、演奏、录音、合成的音乐创作模式来给影视广告配乐。这种方式操作难度大、周期长、成本高。

（2）电脑音乐。也就是 MIDI 音乐。所有的音乐元素、制作、合成全是在电脑音乐工作站内完成。它具有效果好、省时、方便等特点。

二、音乐制作

音乐制作通常是采用大型操作控制台、数字音频工作站组合起来，集成有工业标准的音乐编辑软件，配以相关插件和视频支持同步系统，共同构成一个音乐制作环境。

通过这样的音乐制作环境，可以完成各种要求的后期音乐制作。其主要系统由三大部分构成：

（1）控制部分。即控制台的混音中心。包括综合控制和多通道推子模块，LCD 显示器、LED 指示灯、可视系统等。

（2）DSP 混音内核。加速系统为数字混音的引擎和数字路由分配引擎。其技术指标主要为：48 比特的高精度混音母线，提供 300 dB 的内部动态范围；DSP 混音内核的所有输入输出通过集成数字路由器完成；高分辨精度音频处理器；多种混合格式（从单声道至 7·1 声道混音格式）。

（3）相关选件配置。（I/O 接口、输入输出支持、放大器、同步器、MIDI 接口、视频同步系统等）。

三、声画关系

声画关系是指声音与画面在影视艺术中的组合关系。当声音与画面同时出现时，它们共同构成了一种新的传达意图。彼此形成互为作用的有机联系，处理得当，相映生辉，否则相互矛盾。

图 10–1　音乐制作环境

（1）声画同步。这是指声音与画面同时出现，画面的内容与声音表达的内容、节奏完全吻合，如画面上出现青山绿水，音乐或解说随之跟进，前者出现轻松愉悦的旋律，后者出现与之相关的解说词，共同塑造一组风景怡人的镜头。其特点是观众看见什么画面就出现相关的声音，便于理解。

（2）声画对立。出于某种艺术目的，在同一时间内让声音与画面做出不同侧面的表现，两者形成对立或“错位”的关系，用来表达更深层次的内容。

声画对立又分两种情况：一种是音画并列，即声音不具体追随或解释画面内容，也不与画面处于对立状态，而是以自身的表现方式从整体上揭示影片的主题或人物的情绪，在声音上给观众提供“潜台词”或联想的空间，从而扩大影片的容量。另一种是音画错位，有意使声音与画面在情绪、气氛、节奏相错开，使声音带有明显的离异性，增加悬疑、趣味或过渡感，深化影片的主题，形成视听的冲突。

第十一章 影视广告摄制流程

影视广告摄制是影视广告具体执行阶段。这是一个多专业分工、大团队合作、紧张繁忙的阶段。一部短短数秒钟的影视广告，从开机到关机常常几天或几十天，有时转战几千里，动用人员、调动设备若干，其中各种问题层出不穷。每一个环节都紧密相扣，不能有半点马虎，一处脱节就会连锁反应……

通常把影视广告摄制流程分为：前期准备、正式拍摄和后期制作三个阶段。

第一节 前期准备

影视广告摄制工作十分复杂，开机拍摄其实时间相对较短，而大量的时间是花在摄制前的准备阶段上。准备工作越周密，往后的摄制工作就会越顺利，成功的把握就越大。在前期准备阶段注意事项包括下述几个方面。

一、摄制组人员与职责

1. 人员

根据长期实践与我国影视广告业的具体情况，影视广告摄制组人员构成一般包括有：

影视广告策划负责人、制片人、导演、摄影师、摄影师助理、照明师、美术师、道具师、服装师、化妆师、剧务、场工、司机、演员、模特、助理等。

2. 职责

（1）影视广告策划负责人的职责。影视广告策划负责人是影视广告创意和表现原则的制定、监督者，通常在摄制组中是以“监制”的身份出现。他向导演、摄影师等主创人员解释创意意图，在执行中负责调整和完善创意，为影视广告整体把关。

（2）导演的职责。导演是即能执导影片又懂广告，在摄制组中是灵魂人物，其职责是：把广告创意转换为影像艺术的构思，编写出导演说明和分镜头脚本；选择摄制组人员，如摄影师、美术师、灯光师、演员等；负责前期拍摄和后期编辑的所有摄制工作。

（3）摄影师的职责。摄影师既要与导演统一思想，又要有独立表达的意见；他负责摄影中各种专业技术的控制，准确把握各项摄影技术指标；在不违背创意的前提下，充分发挥其艺术风格。

（4）照明师的职责。其职责是领会广告创意，与导演、摄影师等有关人员合作；完成摄影布光的所有工作；保证现场的用电及设备安全。

二、拍摄前的准备会

通过相关的准备后，在正式拍摄前，由影视广告策划负责人、导演等主创人员开一次摄制会议，最好也能请到客户代表参加。这是一次保证顺利拍摄的全方位沟通会议，有什么问题事先说明。

在这个会议上，影视广告策划负责人要作全面的动员，讲述创意的经过、精神及诉求重点；导演落实每一项具体工作的内容、要求及负责人；摄影师、美术师、照明师等充分沟通。最后形成共识，制定出详细的影视摄制日程表。

三、摄制日程表

前期准备阶段的最后一项工作，就是制定出摄制日程表。如什么时间、地点、工作、谁来负责等。并制作成表格分发给相关人员，严格按照计划执行。

当然，除了摄制日计划之外，还应有应急预备方案。做到严而不死，活而不乱，以求万无一失。例如下面是“中国嘉陵摩托”电视广告摄制日程表。

表 11–1 “中国嘉陵摩托企业形象”摄制日程表

时间	人员	内容
6月25日上午	全体主创人员及客户代表	召开事前会议
下午		分别落实各自任务
6月26日全天	监制、制片、导演	检查各部门工作情况
6月27、28日	监制、制片	联系直升机航拍事宜
	道具、美术	在重庆制作道具
	摄影师、助理	作实验片、制定具体拍摄方案
6月29日	监制、制片、导演	到兰州准备飞行事务
	服装、美术、道具	在北京选购服装，重庆制作户外道具
6月30日	监制、制片、导演、美术	到腾格里沙漠选外景
7月1日至7月3日	监制、制片、美术、工程师	测绘地形，制定“大地艺术”实施方案
	制片	与兰州维修站联系样车、交通等
	道具（重庆）	安装户外造型，与交通、公安部门联系有关事项
7月4日	道具、美术、测绘	组织当地民工在沙漠施工；安排后勤保障
	导演、指挥等	办理相关手续、试飞、研究航拍方案

续表

时间	人员	内容
7月11日	道具、美术、制片等	召开现场、电话会议，汇总情况，讨论、解决各部门出现的问题
7月12日	剧务、制片	兰州，落实设备：移动轨、升降机，从兰州运往腾格里沙漠外景
	导演、美术	检查沙漠外景施工情况
	道具（重庆）	安装道具，上色、防护处理
7月13日	导演、摄影、制片	拍实验片，准备开机前的工作：车辆、设备、灯具、发电车、通信、医疗等
7月14日	兰州摄制人员	兰州， 落实飞行、气象、地勤等；晚上除导演、摄影、助理外，其余人员全部到腾格里沙漠选外景地
		重庆。与各方联系妥当，表演车队、道路管制、清洁、升降机等
7月15日上午	兰州摄制组	道具维护、消防车、发电车到达现场
下午		五点三十分直升机到达现场拍摄（若遇特殊情况改为次日）。预订赴重庆外景机票。
7月16日白天	兰州摄制组	沙漠外景（近景、特写部分）拍摄
晚上		返回兰州，退还租赁设备，全兰州摄制组乘此日早班飞机到重庆
7月17日		重庆，与厂家联系表演车队，察看外景，研究拍摄方案
		预订去深圳的机票及深圳外景拍摄事务
		开会总结前期工作，制定下一步工作计划的细节

续表

时 间	人 员	内 容
7月18日		拍摄重庆外景三处。7月19日赴深圳选外景，落实交通、设备、人员等
		拍摄夜景
7月20日		到珠影厂拍棚内镜头；落实三维动画制作
7月21日		棚内拍摄
7月22日		冲洗胶片
7月23日		到香港胶转磁、调色
7月24日		特技、抽条
7月25日至29日		初剪、非线编辑
7月30日		送交客户VHS版审查
7月31日至8月3日		修改、制作电影版（北影厂）

第二节 正式拍摄

一、时间

一旦进入正式拍摄阶段，摄制组成员在导演的带领下争分夺秒、分工协作。因为影视广告摄制工作总是环环相扣，立体进行。不是做完一件事再去做另一件事，多数时候是好几件事同时进行。比如，在拍摄外景的同时，棚内的道具、制景正在齐头并进地进行。

影视广告是一项多“兵种”、多装备协同进行的工作。所有的开销都是大量金钱堆积起来的，牵一发而动全身，真正体现了“时间就是金钱”这一理念。此外，还有一些意想不到的问题，如天气、事故等不可预见因素，尤其是外景拍摄问题最容易发生，与相关单位的联系、自然因素、各部门人员的调集等。所以，要预留一定的机动空间，来应对这些突发事件。若没有这些意外，还有精雕细刻的余地。

二、导演

通常是在影视广告的摄制工作中，导演成为摄制组的焦点人物。导演的一举一动都将影响到整个摄制组的情绪，从而关系到影片的成功与失败。因此，导演应注意以下几个方面的问题。

（1）有凝聚力。要使周围的人员积极地工作，导演必须以身作责，像兄长一样的对待全体摄制人员，为大家创造出良好的工作氛围，切忌两个极端——“耍大牌”或“和事佬”，这样会伤士气或助歪风。

（2）尊重他人。无论是对待摄影师、美术师、灯光师或演员等，为了充分地调动他们的积极性和创造性，要对他们的智慧加以尊重。

（3）把握关键。对每一个镜头，将来会是什么效果，应胸有成竹，而不是走一步看一步。若出现意见分歧，难以统一，导演必须当机立断，拍板定案地果断处理。

（4）执著敬业。影视广告摄制工作量大、涉及面广、人员复杂、费时耗力，现场容易遇到许多困难和干扰。有时一个镜头要拍数十遍，时间一长，摄制组人员容易出现烦躁和疲倦，这时候许多眼睛都盯着导演的选择。如果这时导演说：“差不多就得了。”其后果可想而知；导演告诉大家再加把油，奇迹就会发生。

三、制片

影视广告摄制是一项牵涉面广、专业性强、复杂程度高的商业行为，作为保障全局后勤工作的制片人，在实际操作中起到至关重要的作用。其主要关注点应该包括：

（1）成本意识。影视广告摄制说到底它是一项商业行为，那么就涉及一个预算及成本控制问题，在实际安排上存在许多技巧与学问。应做到依照事先的预算，该花的钱不能省，不该花的一分也不能花。

（2）程序意识。一方面是在摄制上的程序安排，根据实际情况省时度事，搭配得当，一环紧扣一环；另一方面是办事的程序，应了解问题的关键点，按照合理的程序办事。

（3）沟通技巧。在影视广告摄制中自然会出现各种问题、困难与障碍，许多看似不可达到的事，经过巧妙的沟通，就可能变成能够实现的事，反之亦然。这就要靠制片人的智慧去化解矛盾，找到解决之道。

第三节 后期制作

结束了轰轰烈烈的拍摄阶段，就开始转入短兵相接的后期制作过程。在这个阶段中，一般要经过：胶片冲洗、胶转磁、色彩校正、非线编辑、特技处理、三维动画、录音配乐、编辑合成等工序（由摄像机拍摄的 VCM 没有冲洗、胶转磁工序）。

一、胶片冲洗、胶转磁

1. 胶片冲洗

胶片拍摄曝光后，要尽快送洗印厂冲洗。因特殊情况不能冲洗的要妥善保管，用黑色包装袋装在片盒中，写好标注低温保存。

故障分析。对冲洗出的工作样片，若有故障应及时分析、及时解决。通常容易出现的故障有：

（1）划伤、擦伤。

（2）胶片上污垢。如果污垢在原片上，则可能是冲洗时操作不慎，或换片暗袋、片盒不洁等所致。

（3）片边灰雾。大多是冲洗前漏光所致，或片盒未盖严，或片盒与摄影机接合不好，或换片时漏光等。

（4）静电斑纹。静电可以使胶片产生如闪电状或树枝状斑纹。

（5）网纹。由于冲洗药液的温度突然变化，使影像割裂成蜂房状纹样。

（6）生胶片缺陷。过期或储存不当会使胶片灰雾增大、色彩减弱、颗粒变粗、反差降低等。

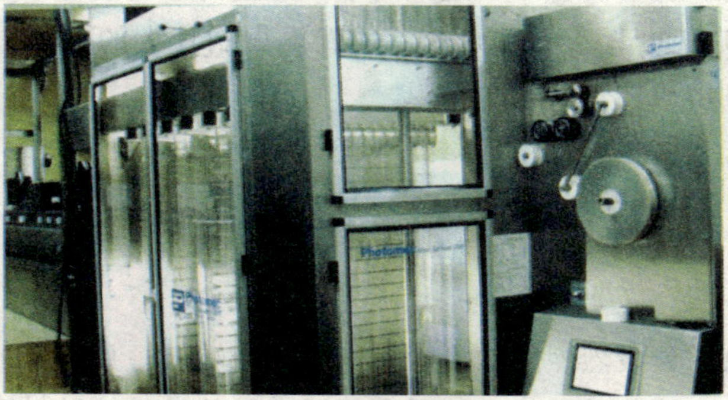

图 11–1　高速片冲机

2. 胶转磁

这是指由电影胶片拍摄的影像，通过转换设备将胶片上的影像，转化为可以在磁带上读取的磁信号，这个过程就叫胶转磁。在这个转换过程中，飞点和 CCD 扫描可以将每秒 16~30 格速度在单系统或双系统放映的 35 毫米胶片影像转化成数字视频信号。转换后不仅可以进行色彩校正，还能够作多种技术处理，作后期编辑。

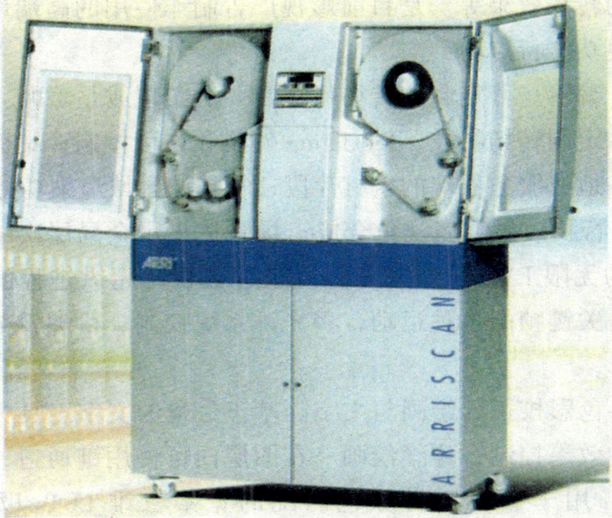

图 11-2 胶片扫描仪

二、后期制作设备

后期高清（HD）编辑系统。

目前，全世界可以进行后期高清（HD）编辑系统的类型、品种、特长等各有不同。归纳起来大致有高、中、低端三大类：①ID（电影数字中间片）生产、HD（高清）母版制作、影视广告片制作；②广播级数字高清电视新闻、体育节目制作、电视台节目包装；③电视后期制作工作室等。下面针对这三大类型举例加以说明。

1. GenerationQ 后期高清（HD）编辑系统

GenerationQ 是 Quantel（宽泰）公司高端专业设备。该设备系统有着强大的后期高清（HD）编辑功能，涵盖了多视角合成、多层混合、摄像机、场景树与 DVE 轴显示、无限层合成、每层具有无限特技功能；嵌入式特效插件；以及在编辑模块中用户直接定制的转场效果等。是目前影视广告制作使用的高端设备，其具体重要功能特点为：

（1）编辑。可定制的转场特技，一次实现或是藏帧方式；嵌入式插件定制转场特技，Piexlating 外观和许可控制；桌面暂留可以显示本地或服务器端的素材片段；特技的区域渲染功能等。

（2）特技效果。多视角合成；场景树显示全局层次结构及分组控制的无限 EVD 轴线视角；以进程数视图超纵进程的处理顺序；具备关键帧的各种运动，多光源系统控制；可编辑节点式色彩校正。

（3）色彩校正、绘画与文字。基于矢量的文字工具为图层处理及各种效果控制；连续绘画—在图层内可使用键通道，带有多种模板；用于影视广告颜色匹配的宽泰三维 LUTs 以及外部 LUTs；在调色板上作任何色彩处理；

（4）Qscribe.快捷编辑横滚和竖滚字幕及系列工具；素材管理；多功能素材便捷管理目录。

（5）音频。音乐动态范围可靠推子和设定关键帧方式调整；音频均衡及音频压缩，多重均衡转换；音频合成包括增益、阈值、比率、手动开启和关闭音轨；

（6）人机工程学。快速处理，智能转换；多种格式兼容、支持；EDL 更新的分级版本管理；快速生成、单一归档、实时输出；多版本发行。

2. Avid DS Nitris 高清编辑系统

Avid DS Nitris 高清编辑系统是 Avid 公司的高清非线实时编辑系统。支持 DV25 到多流 10 位非压缩高清格式的处理，以及 2K/4K 格式的处理。可以编辑电视节目母版、影视广告、预告片、片头、片花等后期制作。其核心功能特点为：

（1）视频与电影编辑、混合及输入/输出；10 比特 SPMTE292

图 11-3 GenerationQ 后期高清（HD）编辑系统

M SDI 高质量视频输入/输出；高清复合 YPbPr 或 RGB 输出；支持 Windows Media 9 高清与标清编码。

（2）8 通道 24 比特、96kHz 数字音频输入/输出；无限音轨编辑；支持多通道音频混合与定位；自动音频采样频率转换；支持采样逐帧编辑等。

（3）图形编辑。支持无限数的视频与合成轨道；在同一视频序列中，支持多种压缩比与解析度；可对多层效果进行管理，有效组织复杂的时间线。

（4）特技与转场效果。实时 10 比特高清分辨率效果。实时高级色彩校正；多种特效控制等。

（5）合成与跟踪。合成特技树对复杂多层的合成进行处理；时间线—特技树转换等。

（6）3D DVE 及人物生成。人性化的 3D 环境，支持交互式 Open GL；3D 旋转、缩放、Translate 及 Skew 效果控制；真实模拟现实中的摄像机效果等。

（7）绘图。增强 Photoshop 导入功能，支持特技；全动画、可编辑 Brush Strokes。

（8）媒体管理。各种媒体工具；可对每个视频片段的多个压缩比及解析度自动跟踪；DPX 文件支持等。

图 11-4　Avid DS Nitris 高清编辑系统

3. SONY XPRI 非线性节目制作系统

XPRI 非线性节目制作系统是 SONY 公司推出的高清与标清后期实时系统。可用于 HDCAM、MPEG IMX 及 XDCAM 的后期制作。其主要性能特点为：

（1）采用 Windows 2000 专业版操作系统，支持多种非压缩标清、高清视频格式；

（2）多种简便、实用的专用控制面板；

（3）图像处理可实现多种二、三维特技效果；

（4）支持多种第三方插件、EDL 和图像文件格式等。

三、非线编辑

所谓的非线编辑是相对于以前的线性编辑。线性编辑是从头到尾，逐段对编，不能直接实现点对点的跨越；而非线编辑不仅可以实现这些手段，还有全数字化、多功能化、无损化编辑。

（1）抽条。即从众多的拍摄镜头中先抽调出相对有用的镜头，作为正式编辑的备用镜头，采集下来后存入非线编辑系统。

图 11-5 SONY XPRI 非线性节目制作系统

（2）初剪。导演根据创意和拍摄的素材，通过反复的观看逐步形成具体的编辑构思，编辑出一个或几个影片的最初方案。

（3）精剪。在初剪的基础上，经过多次修改、调整、重构，剪辑出导演认为最为理想的样片效果。

（4）合成。通过精剪后成为默片的画面，再进行深化处理，最后制作完成的工作样片。这当中要经过再次调色、录音、配乐、特技、动画、时码跟踪、输入、合成、生成、输出等工序。

四、剪辑要素

（1）视觉冲击力。首先把握画面的视觉效果，在没有音响的情况下也能让人集中注意力。

（2）产品突出。尽可能地让观众看清广告的对象，掌握影片的主次关系。

（3）广告的时空感。每一种影视形式都有其个性的时空感，影视广告也不例外。在剪辑广告影片时要注意用广告的语言来表达时空感。

（4）技巧合理。

①景别与效果：特写镜头画面要比大景别的印象深；动态的形象要比静态的印象深；有对比的画面比没有对比的画面印象深等。

②静与动：通常是静态的画面与静态的画面组接；动态的画面与动态的画面组接；静态的画面要与动态的画面组接时，一般需要在中间做些技术处理，如叠画、闪白等。

图 11–6　后期合成环境

第十二章　影视广告的综合利用

一条影视广告的诞生，并不意味着大功告成，这仅仅是影视广告发挥作用的开始。紧接着将面临一系列营销的问题：怎样有效的传播，怎样多渠道、多方式地利用，怎样将影视广告的价值、效应最大化。

影视广告的综合利用既是一个营销问题，也是一个节约、开发、增值资源的问题。如果能制定出一整套影视广告的综合利用策划方案，就会起到事半功倍甚至数十倍的传奇效果。国内外先进企业在这方面的实践，已经给我们提供了太多的成功案例。

第一节　目标与时机

一、目标的构成

目标的含义有两层：一是接受广告的受众及消费者，他们是需求的根本；二是企业产品的营销目标，是满足需求的供给者。

首先要定位出谁是目标受众或消费者。芸芸众生并不都是企业产品的目标消费者，他们既有稳定性又是动态的，既有现在消费者，又有潜在消费者。

其次是目标受众或消费者他们的构成关系。经济收入、兴趣爱好、生活习惯、分布情况等，这一系列问题都研究清楚后，才能做到有的放矢。在实践中，这种“精确制导”比过去的“地毯式轰炸”要高明得多，其收效也是后者无法比拟的。

再次是企业的营销目标。企业的产品定位决定了其营销的模式及时空范围等，而产品又是消费者的需求决定的。通过这种逆向的推论，再进行顺向的营销，就能与市场对位。

此外，影视广告除了影响面大，渗透力深，感染力强等之外，它的综合利用价值极大。如果结合受众、产品的定位，从而定义出传播及综合利用的目标，那么，影视广告就远远地超越了一个广告本身的价值与意义，而成为市场营销的一个载体。

二、目标收视群的特点

（1）不同的电视节目有不同的收视群体。当今的电视传播早已不是“全家人做在一起看同一个节目”，更不是“一看到底”的时代了，每一位观众个体都是按照自己的兴趣爱好、时间条件来观看电视。家庭的电视机数量、观看电视渠道的增多及观看电视的时段分离等，为个性化选择提供了现实的可能性。反过来讲，正是由于不同收视群体产生了不同的电视节目，以前是有什么看什么，而现在开始变成“看什么有什么”的思路了。尽管电视还是有限的垄断资源，其情形也不过“小荷才露尖尖角”，但市场的竞争与进步，似乎预示着电视革命迟早会爆发。

（2）电影、电视剧、综艺节目成为吸引广大观众及提高收视率的三驾马车。在我国电影、电视剧、综艺节目有着广泛的群众基础，其主要原因是其浅显易懂、娱乐性强、情节连续、流行性强，离现实生活较远，大有“距离之美”的感觉。收视群体以普通工人、市民、家庭主妇等为主。

（3）目标群对电视节目的反应各有不同。一般说来，观众的文化水平程度与收看电视的情形相关：文化程度越高的群体看电视的相对较少，针对性也较强，大多关注新闻、时事、科技等离现实较近的节目，对待电视中所传播的内容较理性。

特殊群体观看电视节目其针对性更强。如球迷看体育赛事，儿童看动画片、老人看健康节目等。

三、时机的选择

1. 观众收视习惯

不同的时代、国度、民族、职业、年龄、性别等观众，其收视习惯各有不同。一般情况下，晚间时段为电视收视的高峰，尤其是“上班族”为主，他（她）们白天上班，晚上回家看电视习以为常。商务人员职务越高而看电视时间越晚，甚至不看电视。以前我国常把晚间八九点钟的时间称为“黄金时段”，而现在却大不一样，随着生活、工作、休闲等状态的变化，“黄金时段”的概念被重新定位，是一个相对而非绝对的概念了。如白天也有相当的人收看电视。

2. 影视广告与时机

即什么季节播出，什么时间播出，什么事件背景下播出，等等。而早已不是过去那样 一年到头都在播出，其结果费力不讨好，使企业不堪重负，甚至到了“非死即伤”的地步。

影视广告的投放时机，要根据其具体的产品特征、市场状态及企业的资源整合进行考量，起到“搭顺风车”的效应。如利用全球或全国的重大事件，在其中插播广告；利用时尚流行因素进行“跟风”；利用一些经典名著进行“炒作”等。

第二节 影视广告的媒体战略

当今经济时代已经进入媒体市场营销时代（Media Marketing）。在这个大前提下，广告的所有活动都拥堵在媒体这一十字路口上，并成为传播的“瓶颈”。过去广告从业单位主要拼的是“创意”，这时，有限的广告媒体才显示出巨大的威力，足见媒体的“杀伤力”。

在欧美发达国家，媒体广告是由专门的媒体购买公司来购买，再为广告公司出售这些版面或时段。能否获得有保障的媒体发布，已经成为广告公司生存的先决条件，当然，其媒体的数量、种类及机制市场化程度高，有极大的选择性。获得这些媒体资源主要是靠资本和眼光，而不是权力。此外，行业市场化、国际化、专业化程度高、操作相对规范，违规成本、代价高。

一、媒体战略的内容

1. 媒体的要素

（1）GRP（Gross Rating Point）。即总收视率。是指在一段时期内各收视率的总和。其单位是按百分比来计算。

（2）到达率（Reach）。是指表示收视用户的范围比例。到达率不可能超过百分之百，到达率至少为收视一次以上的用户的比例，其计算单位为百分比。

（3）频率（Frequency）。又称为平均收视率。表示至少收视一次以上用户平均收视的次数。是广告主必须确定在一定的时期内，平均每位目标观众接触到该广告信息次数，其计算单位是次。

就以上三项指标而言，随着 GRP 增大到达率的增长会逐渐迟缓；即使到达率保持一定水平，频率仍会出现近乎直线性增长。

所以，三者指标之间的关系是：

到达率×频率=总收视率

2. 收视率调查

在国际上，为保障调查的公正性，通常是由第三方非利益关系调查机构，来对电视台的收视率进行调查和公布，相关法规规定，任何可能影响对收视率进行干预的行为都是禁止的。

收视率调查机构对于被调查家庭的名册管理和收视率记测器的设置，都实行严格的保密制度，以保证收视率调查的准确性、权威性和安全性。收视率调查具体方式分机械和人工两种：

(1) 机械收视率调查。通常是PM调查系统（People Meter）。这是一种安装在用户电视机上的机械装置，可以进行个人收视率调查，只要用户打开电视机，其装置就开始工作，自动将所记录的情况传回控制中心。

其工作程序是：一个目标家庭里，最多可同时对八台电视机的收视状态按个人单位进行测定。每换一次频道都将记录下来，收视情况以秒为单位被记录在联网的计测器上。

经统计后，家庭收视率调查数据被印刷成收视率调查日报，在中午前发表出来。个人收视率调查仅用电子信息服务，不进行印刷。

(2) 人工收视率调查。主要是对个人收视率调查。其方法是：

由专门的调查员将调查卡送给调查对象，由他们每天记录收视情况。按不同的电视台，以个人为单位，按每五分钟次记录在表内。一周后由调查员登门回收记录。使用数字器传输数据，输入计算机处理。这种日记式的收视率调查，可计算出各年龄段的收视情况。在一个月后印刷成收视率调查报告发行。

3. 广告效果的四种程度

具体见图 12-1。

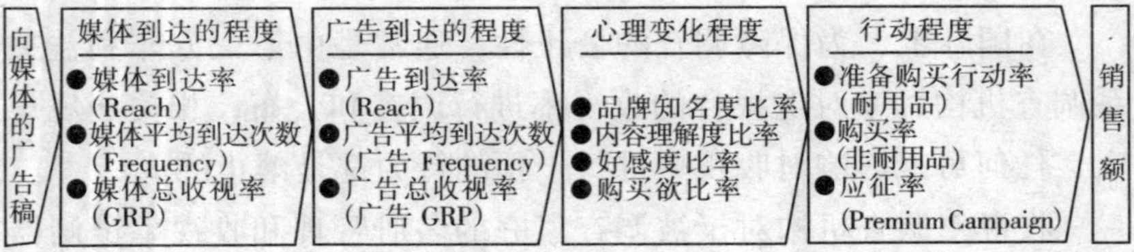

图 12-1　广告效果的四种程度

二、媒体计划的拟定原理

1. 认知规律

广告在媒体上的投放决策和效果，固然同企业决策者的价值取向、广告表现形式、商品的供货率及多种因素相关，但是，人类认知记忆规律则是最为根本的底线。为了说明其原理我们先看看著名心理学家艾滨浩斯经典的“遗忘曲线”。

这条曲线表明，人类认知的内容不意味着都能保持。实际上，认知过的信息很快就有许多被遗忘了。把认知曲线与遗忘曲线结合起来，我们发现在起初阶段，学得多而忘得快；随着时间的推移，就会增量小而遗忘少。弄清了这个规律有助于广告媒体战略的实施。

2. 预测广告媒体效果

（1）传播效果预测模式（CSP 模式）。该模式为日本电通开发的 DMP905 系统之一。即制定媒体计划方案的一种计算机编程模式。

CSP模式有以下六个特征：可根据不同商品、广告类型选择模式；可预测到行为效果；把广告表现的感染力模式化；考虑到企业形象对选择商品的影响；考虑到与广告以外的促销等因素的关联；考虑到主要市场因素。

在操作中，输入四大媒体及交通媒体的广告信息，则可以得出信息传达程度（知名度、理解度、好感度、意图）的广告效果。

（2）人工推算模式。

三、广告播出频率与效果

美国著名广告专家赫勃·克鲁曼认为，消费者是在漫不经心中接触广告的：第一次只了解广告信息的大概；第二次是看广告内容与自己有没有关系，借此考虑自己是否会使用广告里出现的产品；第三次对产品加深印象和了解。所以得出广告播出至少要播放三次的结论。

克鲁曼认为，播出六次是最适合的广告频率。广告播出太少，目标顾客印象不清，不能产生太多反应；播出次数太多，如果超过八次，目标顾客由于信息重复过多，逐渐产生厌倦和麻木的现象。

特殊的广告可能只需要出现一次，便可以达到预期效果。这种广告通常是：广告承诺第一，使目标顾客一目了然；广告创意大胆，抢眼过人，使目标顾客过目不忘；广告针对目标消费者的需要和爱好，正中下怀；事先在别的媒体做过宣传，有一定的认知度。这种广告无须重复播出，反而出奇制胜。

要全面认识广告播出与效果的关系，而不能孤立地看待。要达到很好的效果，还应与促销与公关三位一体地结合起来。我们知道，促销与广告的效应正好互补，也可以说是相反：促销是见效快，失效也快；广告是见效慢而失效也慢。至于公关，它是一个较为稳定、长期的企业活动。

第三节 综合利用与广告评估

如果说把整个影视广告的综合利用形容成为一条巨龙的话，那么，影视广告及传播就是“龙头”。由此带动“全身”舞动，上天下海，兴风作浪……

一、影视广告的综合利用

影视广告的综合利用具有广泛的延展力和强大的渗透作用。通过影视广告所传达的主要信息为线索，沿着设定的纵向发展，期间，在相关的结点多处横向综合利用发展，最后直达广告策划的目标。

1. 综合利用的元素

①影视广告中人物形象、标志符号、音乐歌曲、文字语言等；②大众媒体（印刷品、广播、报纸、杂志）；③新闻发布会、见面会等；④网络；⑤户外、交通媒体；⑥演唱会；⑦电影、电视剧、DVD、CD；⑧文化衫、玩具、文具；⑨其他。

2. 案例：“金田——少年记事簿”

在电视上播出“金田——少年记事簿”影视广告之后，把其中的人物和部分情节改编成电视剧，随后对收视率进行调查。在日本，收视率 15%为及格分；如果达到 17%~18%为一般火爆；达到 20%为极其火爆。而该电视剧的收视率超过了 20%，这说明该剧极受欢迎，其市场潜力巨大。决策者并为马上满足观众的要求或“乘胜追击”，当观众看完第二集后，急于观看第三集时，改为“以退为进”的策略，组织了一个名为“侦探”的旅行团，并印发旅行宣传手册，里面藏有谜底，到达目的地后，在“侦探”城堡中逐步现出谜底。

此后，改为播出电视动画片，在播出几集后又停播，这时观众纷纷打电话到电视台询问，要求再播。决策者转而把该故事改拍成电影故事片，其主要角色仍然由原来电视剧中的演员扮演，并在许多城市拍摄外景，拍摄期间，摄制组、主演与当地群众进行了各种形式的交流、宣传，还到了中国的上海……

在影视活动展开的同时，系列配合的举措也相应进行。随着故事片录影带、印刷品、T恤衫、帽子、玩具、出版物等的销售，历时四年多的影视广告综合利用活动，取得了空前的成功和进账三十多亿日元的巨额收入。

二、 广告效果评估

影视广告除了在制作之前就进行预测之外，在播出以后还要对其事后评估，以验证它的有效性。评估的方法有：

1. 广告信息交流效果

主要是广告是否达到预期的交流效果。其评估的具体方法有以下几个方面：

（1）直接评分法（Direct Ratings）。即由目标消费者和广告专家构成评定小组，来审查影视广告的传播测定，并以问卷的形式来评定。

（2）实验测试法（Labpratory Tests）。研究人员利用专门的仪器，对受测者的心理反应——心跳次数、血压高低、瞳孔大小、汗腺情况等进行测量，以此来评估广告对人的影响。

（3）回忆测试法（Recall Tests）。研究者请来曾经接触过影视广告的观众，让他们回忆某个广告片的内容，并对其观察和打分，根据分数可以判断出广告受注目与记忆程度。

此外，还有印象评估法、分析评估法、集体反应评估法等。

2. 销售效果评估

销售效果评估分为间接效果与直接效果两种。对前者而言，如影视广告传播使某企业的知名度提高了百分之多少，品牌认知率提高了几个百分点，市场占有率的变化等这些主要指标都可以计算出来。

而销售效果总体上也可以推算出来，从销售的同比数字就能反映出来，对比广告费用开支与同期的销售额。

当然，销售效果评估很难精算出详细的数字，因为产品的销售是整合营销，除了影视广告之外，还有促销、公关、价格、市场等诸多因素影响着销售。

第十三章 影视广告的管理

第一节 概况

影视广告是一项影响面大、投资费用高、可变量因素多的广告活动。制作再好的影视广告，如果在某一方面遇到了“红灯”，违法或者违规，将造成极大的损失。所以，我们从创意到制作，都应该了解和遵守广告管理的相关法律及解释，做到防患于未然。

对于影视广告的管理，各个国家和地区的规定都不尽相同，即使在同一个国家不同时期也各有不同。同样一条影视广告在有的国家是合法的，而到了另一个国家就行不通了。例如国际品牌万宝路的广告，用西部牛仔的形象不仅合法，而且极其成功，到了马来西亚就不行了，按照当地的法律，必须换上马来西亚人。

再如对比型影视广告，在西方国家经常使用，而在东方难见踪影。“新干线列车”电视广告开日本广告之先河，就使用了对比型手法，引起轩然大波。经过一番波折，这种类型又被认可。

第二节 国际影视广告的管理

现代广告国际化程度不断提高，出现了大量国际化广告公司，使国际间的广告活动面临一系列规范问题。各国政府都希望通过法律的形式或广告行业自律的形式来解决问题。

1963 年国际商务会通过了《国际商业广告从业准则》，该准则包括“国际广告从业准则”和“国际电视广告准则”两大部分。其中特别体现了儿童广告的准则和特殊产品与医药广告的准则。

一、对虚假广告的界定

在美国，政府授权联邦贸易委员会曾对虚假广告做出了两次界定。1983 年更新后的定义为：“凡是会有虚假表述，或由于省略了有关信息等做法，而可能误导消费者的行为理智，致使他们遭受损害的广告。”

1984 年欧共体通过的《欧共体部长理事会关于误导性广告的法令》。该法令指出：“‘误导性广告’系指发布包括演示在内的任何形式出现的、带有欺骗或可能欺骗其诉求对象的，或欺骗它所接触到的人的广告。同时，这类广告也包括那些由于其内在的欺骗本质，可能影响观众、听众经济行为的广告。”

二、禁止有害健康的广告

20 世纪 90 年代以来，香烟广告已成为许多国家关注的问题，并受到不同程度的禁止。如法国已禁止一切形式的香烟广告。特别是利用影视广告表现香烟广告，已被大多数国家禁止。

在欧美国家，药品被分为副作用、危险性较大的“处方药”和普通“柜台药”两种。“处方药”不能做广告，而“柜台药”则可以做广告。对具体操作细节都有明文规定，对违反行为有相应的惩罚和监督机制。

三、儿童广告管理

儿童由于缺乏足够的判断力，被认为是最容易被广告伤害的人群，特别是电视广告。为此，设置了许多规定和限制，包括广告内容、表现形式和播放时间等。如比利时、丹麦、挪威和瑞典等国，就完全禁止电视播放针对儿童的广告。

此外，还对一些广告的类型、语言、标注、成分等作了详细的限制性说明。

行业自律的管理是各国广告行业的行会组织。1956 年 5 月各国商会所辖的广告委员会在第十五届大会上，通过了《广告活动标准纲领》和《广告业务准则》。英、美等国的广告预审工作主要由媒体承担。在美国联邦广播委员会的监督下，美国三大广播网等都自觉进行预审广告。英国的“独立广播局”对所有电视、广播广告都要进行两次播前预审。

第三节 中国影视广告管理

在我国虽然没有专门的影视广告管理法规，主要依据 1994 年 10 月 27 日，由第八届全国人民代表大会常务委员会第十次会议通过的《中华人民共和国广告法》，以及国家发布的一系列广告管理条例、标准、办法和通知等。

作为自律性的规则，如《中国广告协会自律规则》中相应的细则也适用于影视广告的管理。此外，广告审查制度的建立，作为影视广告发布的媒体也要对样片进行审查，并有解释权。

目前我国的广告法律、法规主要有：

（1）《中华人民共和国广告法》，1994 年 10 月 27 日，由第八届全国人民代表大会常务委员会第十次会议通过。

（2）《广告管理条例》，国发（1987）94 号。

（3）《广告管理条例实施细则》，工商广字（1988）第 13 号。

（4）《药品审查标准》，1995 年 3 月 28 日，国家工商行政管理局令第 27 号。

（5）《酒类广告管理办法》，1995 年 11 月 17 日，国家工商行政管理局令第 39 号。

（6）《烟草广告管理暂行办法》，1995 年 12 月 20 日，国家工商行政管理局令第 46 号。

（7）《化妆品广告管理办法》，1993 年 7 月 13 日，国家工商行政管理局令第 12 号。

此外，还有许多有关广告管理的通知、办法、答复、解释，等等。

附录：影视广告常用术语简称与英汉对照表

AD	
Art Director	艺术总监
AE	
Account Executive	客户主管
BS	卫星电视
CM	
Commercial Message	电视广播广告、电波广告
CF	
Commercial Film	用电影胶片拍摄的电视广告
VCM	
Video Commercial Message	录像电视广告
CM Planner	影视广告策划者
CM Song	广告歌曲
CC	
Corporate Communication	企业信息交流
CI	
Corporate Identity	企业形象认同
CM Time	广告时间
Copywriter	撰稿人

Corporate Mark	企业标志
Coverage	媒体覆盖
CD	
Creative Director	创意总监
Continuity	分镜头脚本
F To T	
Film To Tape	胶转磁
GRP	
Gross Rating Point	总收视率
HUT	
Household Using TV	家庭电视收视率
Interactive TV	双向可视电视
Marketing	市场营销
Media	媒介
Media Mix	媒体组合
Narration	配音、解说
Production	（广告）制作公司
Presentation	提案（会）
Product Team	摄制组
Producer	制作人
Publicity	新闻发布会

Regular Spot	固定插播
Rough	草图
Rush	样片
Series Advertising	系列广告
SOM	
Share Of Market	市场占有率
SOV	
Share Of Voice	广告占有率
Sizzle Advertising	刺激购买欲的广告，即“吊胃口”广告
Sound Logo	音响标志
SP	
Sales Promotion	促销活动
Super Lmpose	字幕
Tie-Up Advertising	共策广告
Time Rank	时段档次
Time Sales	时段购买
Tone & Manner	基调与风格

主要参考书目

1. 丁俊杰：《现代广告活动理论与操作》，中国三峡出版社，1996 年。

2. 陈培爱：《中外广告史》，中国物价出版社，1991 年。

3. 菲利普·科特勒、加里·阿姆斯特朗：《营销学原理》，上海译文出版社，1996 年。

4. 翁剑青：《广告创意与文案》，商业出版社，1997 年。

5. 周建梅、路盛章、董立津：《电波广告·平面广告——四大媒体广告的实际运行》，中国物价出版社，1997 年。

6. 傅正义：《电影电视剪辑学》，北京广播学院出版社，1997 年。

7. 张会军：《电影摄影画面创作》，中国电影出版社，1998 年。

8. 王心语：《影视导演基础》，北京广播学院出版社，2001 年。

9. 柯达、阿莱、索尼、宽泰、电通公司相关文献。

10. 日本电通株式会社教材：《实践广告》。

后 记

这本《影视广告学》是在实践、研究与教学基础之上形成的。

“影视广告学”这门专业课程，在北京大学艺术学系先后经过了前后四届本科教学实践，广泛听取了各届同学以及老师们的建议和意见，在原来所写讲稿的基础上深入研究、整理而成。

本书力图以广告学为里，影视艺术表现为表，互为表里相得益彰。并涉及市场营销学、传播学、心理学、美学及电影、电视等相关学科的新成果，在学科体系和内容上作了一定的研究。在第三版再版时又进行了调整，融进了一些新的实践方法与理论总结。可作为高等院校广告专业教材用书，也可作为广大影视广告从业人员及爱好者参考。

在写作过程中得到了多方支持。北京大学艺术学院副院长彭吉象教授为本书提出了许多宝贵意见；语言学家张绍宗先生予以鼎力帮助；经济管理出版社陆雅丽主任给予了热情支持，在此，谨一并深表谢意！

作 者

2006 年 9 月